AF178817

Rainer Moritz

Mögen Sie Madame Bovary?

*Lieblingsfiguren der
Weltliteratur*

Oktopus

Für den Blick hinter die Verlagskulissen:
www.oktopusverlag.ch/newsletter

Ein Oktopus Buch bei Kampa

GPSR-Kontakt: Schöffling & Co. Verlagsbuchhandlung GmbH,
Kaiserstraße 79, D-60329 Frankfurt am Main
info@schoeffling.de
Der Verlag behält sich eine Nutzung des Werkes für Text-
und Data-Mining im Sinne des § 44b UrhG ausdrücklich vor.
Covergestaltung: Lara Flues, Kampa Verlag
Covermotiv: Félix Vallotton, Le Bibliophile, 1911
Satz: Herr K | Jan Kermes
Gesetzt aus der Stempel Garamond LT / 1. Auflage 2025
Druck und Bindung: Friedrich Pustet, Regensburg
Auch als E-Book erhältlich
ISBN 978 3 311 30078 6

Inhalt

Ein Wort zuvor

Wer Romane liest, taucht ein in fremde Sphären, wird mit Situationen konfrontiert, die mal ganz vertraut und mal völlig fremd erscheinen. Wir lesen Bücher, um neue Sichtweisen auf die Welt kennenzulernen, über unseren Alltag und unsere Gesellschaft hinauszugelangen und uns in Kopf und Herz anderer Menschen hineinzuversetzen. So ist Lektüre fast immer ein Ausbrechen aus der Gegenwart. Wir wollen uns überraschen lassen von Begegnungen, die uns im »realen« Leben vorenthalten bleiben, und an Schicksalen Anteil nehmen, die unser Herz aufwühlen, sodass wir am Ende eines Buches Schwierigkeiten haben, aus der fiktiven Welt zurückzufinden und uns wieder an das oft graue Hier und Jetzt zu gewöhnen.

Lesend lernen wir Menschen kennen, die uns mitunter so nahekommen, dass sie uns vertrauter als unsere Verwandten oder Nachbarn erscheinen. Stunden mit Romanfiguren zu verbringen, das heißt zwar nicht immer, sich mit ihnen zu identifizieren und sein eigenes Leben gespiegelt zu bekommen. Doch unwillkürlich nähern wir uns ihnen, reiben uns an ihnen. Manchen Autorinnen und Autoren gelingt es, unsympathische Charaktere so intensiv zu schildern, dass wir unwillkürlich an ihrem Lebensweg Anteil nehmen und ihre dunklen Seiten vielleicht sogar als unsere eigenen, gut verborgenen erfassen.

Die moderne Literatur, die – sagen wir – seit Beginn des 20. Jahrhunderts oft viel Aufwand betrieb, das Einfühlen in literarische Figuren zu erschweren, das klassische psychologische Erzählen außer Kraft zu setzen und zuhauf »Männer ohne Eigenschaften«, die keine Individualität beanspruchen dürfen, zu präsentieren, hat nicht mit dem beharrlichen Verlangen der Leserinnen und Leser gerechnet, sich in Romangestalten wiederzufinden. Diese sollen uns dazu bringen, zu lachen, nachzudenken, zu staunen, den Kopf zu schütteln, uns zu empören und womöglich ein paar Tränen zu vergießen. Nicht in jedem Fall müssen wir so weit gehen wie Goethes Zeitgenossen, die sich wie Werther kleideten und teils unglückseligerweise sogar seinen Weg bis zum bitteren Ende nachahmten. Und nicht jede Figur inspiriert uns dazu, an Fasching eine neue Identität als Pippi Langstrumpf oder Harry Potter anzunehmen.

Auch Schriftsteller gestehen nicht selten ein, dass ihre Figuren ein Eigenleben entwickeln und dass es schwerfällt, sich von ihnen zu trennen. Deshalb muss das Ende eines Romans nicht das Ende einer Figur bedeuten. Bei Honoré de Balzac, Reinhard Kaiser-Mühlecker, Martin Walser, Colm Tóibín oder Elizabeth Strout zum Beispiel kehren die Heldinnen und Helden wieder, zum Teil nach Jahren, und begleiten nicht nur die Leserschaft, sondern auch ihre Schöpfer.

Dieses Buch trägt der Liebe zu fiktiven Welten Rechnung. Völlig subjektiv habe ich knapp vierzig Figuren der Weltliteratur ausgewählt, die mir im Lauf meines Leserlebens zu treuen Begleitern wurden, die ich besser kenne als die meisten Menschen, die mir in meinem Alltag tagtäglich begegnen. Ja, es kommt mir dann so vor, als gäbe es zwischen Literatur und Leben gar keinen Unterschied.

Meine Auswahl folgt keinem Prinzip. Einige meiner Lieblingsfiguren werden Sie kennen, andere möchte ich Ihnen nahebringen. Sie kommen von überallher, wenngleich ich natürlich auch nach vielen Jahren des Lesens nur einen kleinen Ausschnitt der Literatur überblicke. Diese Figuren, alles Vertraute meines Lebens, stelle ich Ihnen vor. Ob Sie mir dabei folgen können und wie Sie selbst die Frage *Mögen Sie Madame Bovary?* beantworten, das liegt ganz bei Ihnen. Begleiten Sie mich, und bereichern Sie Ihr Dasein mit Menschen aus Papier und Druckerschwärze, die unser Leben lebenswert und bunter machen.

Rainer Moritz
Im November 2024

Almut

Manche Bücher setzen partout keine Patina an. Da mag man sie noch so überzeugend in ihren historischen Kontext stellen und betonen, dass sie nur »aus ihrer Zeit heraus« zu verstehen seien, beim Wiederlesen spielt das dann keine entscheidende Rolle mehr, weil sie einen Ton treffen, der nicht nur Vergangenes meint.

Der 1939 geborenen Christine Wolter ist ein solches Kunststück gelungen. Nach dem Zweiten Weltkrieg kam sie in die DDR, studierte Romanistik, arbeitete als Übersetzerin, als Lektorin und debütierte 1973 mit einem Prosaband. 1978 lernte sie auf einer Dienstreise nach Italien einen Mann kennen und lieben und reiste legal ins südkapitalistische Ausland aus. Trotzdem publizierte sie weiterhin in der DDR.

Protagonistin ihres offenkundig stark autobiographisch geprägten Romans *Die Alleinseglerin* ist die Literaturwissenschaftlerin Almut, die in Ost-Berlin an einer Doktorarbeit sitzt und versucht, sich allen Herausforderungen zu stellen, die das Leben für eine alleinerziehende Mutter bereithält. Mühsam bewegt sie sich im Viereck »Büro / Kind / Studium / Boot« und leidet darunter, auf keinem Gebiet ihren Ansprüchen gerecht zu werden und stets mit schlechtem Gewissen in den Tag zu gehen. So gesehen gehört *Die Alleinseglerin* in den Kontext der

feministisch orientierten DDR-Literatur, für die gemein-
hin Namen wie Christa Wolf, Irmtraud Morgner oder
Brigitte Reimann stehen.

Dass Autorin und Roman in diese Schublade dennoch
nicht recht passen, hat mit dem Stichwort »Boot« zu tun.
Es bezieht sich auf ein nobles Segel-, genauer: Drachen-
boot, das Almuts Vater, einem vielfach dekorierten Ar-
chitekten, gehört. So apart sich dieses auf den Seen im
Berliner Umland macht, so kostspielig ist sein Unterhalt.
Als Almut den Drachen von ihrem Vater übernimmt,
spielt sie anfangs mit dem Gedanken, das gute Stück
zu veräußern, da ihre finanziellen Mittel begrenzt sind.
Doch je näher der Verkauf rückt, desto stärker werden
ihre Zweifel, sich von dieser emotional aufgeladenen
Schönheit zu trennen – aller Vernunft zum Trotz:

Der Professor schützte nicht mehr. Ich war nur ich:
Frau Nichts, Frau Titellos. Junge Frau mit dem Ton auf
der ersten Silbe: Jungefrau. Der Werftmann hatte mit
Leuten zu tun, die sich Boote leisten konnten. Ich war
nur an das Boot geraten, leisten konnte ich es mir nicht.

So erlangt dieser Drachen im Kontext der späten Jahre des
DDR-Sozialismus eine symbolische Bedeutung: Seine pure
Anmut ist es, die für Almut zählt. Die sture Professoren-
tochter ficht damit nicht nur nachträgliche Kämpfe mit
ihrem selbstgefälligen Vater aus, sie sendet zudem ein kla-
res Zeichen an ihre Mitmenschen: Das Boot ist schön und
spricht aller Wirtschaftlichkeit hohn. Deshalb will Almut
es im wahren Wortsinn um fast jeden Preis behalten.

Nun verbringt Almut ihre knappe Freizeit damit, das marode Boot auf Vordermann zu bringen, ungeachtet dessen, dass in der Mangelwirtschaft des Sozialismus die benötigten Materialien – Lacke oder Abdeckplanen – selten vorrätig sind und dass sie von den alles besser wissenden Männern in den Werften und Häfen mitleidig belächelt wird.

Erzählt wird diese Geschichte im Rückblick. Almut lebt mittlerweile in Mailand, wo der Regen die Illusion vom immer sonnigen Italien gründlich zerstört, und blickt voller Heimweh und Sehnsucht auf die Seenlandschaft ihrer früheren Jahre zurück. Wie sich Almut damals ihre Freiheiten erkämpfte, wie sie mit ihrem Vater rang, der die Familie verließ, als Almut elf war, später als »Herr Professor« seine Privilegien genoss und es ablehnte, als Rentner bezeichnet zu werden, und wie sie sich dank ihrer »Dickköpfigkeit« auch von ihren Kurzzeitliebhabern nicht dreinreden lässt, das macht *Die Alleinseglerin* zu einem unverwechselbaren emanzipatorischen Lehrstück.

Almut ist eine selbstständige, unkonventionelle Heldin, die mit den lautstark vorgetragenen Appellen an den sozialistischen Gemeinsinn wenig zu tun hat. Das Kollektiv zählt für sie wenig. Almut baut vor allem auf sich selbst; schon als Zwölfjährige hat sie erfahren, dass es oft am besten ist, allein zu sein. Kein Wunder also, dass sie sich anschickt, mit dem knapp zehn Meter langen Drachen ihres Vaters zur »Alleinseglerin« zu werden – ein Unterfangen, das selbst erfahrene Segler nicht mit links erledigen.

Christine Wolters Roman, der en passant grundlegende nautische Kenntnisse vermittelt, ist von bestechender, überzeugender Klarheit und frei von schiefen Bildern – ganz der Absicht der Erzählerin Almut folgend:

Am Schreibtisch in Mailand, mit den endlosen Übungen der Studenten vor mir, im Fenster die gleichfarbigen Tageszeiten des Winters, kommen mir die Bilder, quellen wie die Stoffe meiner Mutter aus den Schubladen. Die Bilder lassen, wie sie sind. Auch gelblich und ausgeblichen. Nichts kolorieren mit Trauer und Bedeutung.

Almut taugt nicht als Vorbild, weder als feministisches noch als sozialistisches. Sie will sie selbst sein und unter mühsamen Umständen ihre Unabhängigkeit bewahren. Das ist nicht wenig. Weitere Popularität erlangten Roman und Figur 1987, als Herrmann Zschoche *Die Alleinseglerin* für die DEFA überzeugend verfilmte und die Hauptrolle mit der Drummerin Christina Powileit besetzte.

Die Alleinseglerin erschien 1982 im Aufbau Verlag und wurde 2022 im Ecco Verlag neu aufgelegt.

Baur, Kaspar &
Bindschädler, Rudolf

Autorinnen und Autoren lassen sich vielleicht in zwei Gruppen einteilen. Die einen, die ständig hinausgehen, Expeditionen unternehmen, sich in gefahrvolle Lagen bringen und auf Kulturen stoßen wollen, die ihrer eigenen ganz fremd sind. Die anderen, denen es genügt, im stillen Winkel tief in sich hineinzuhorchen, zu versuchen, Gedanken und Gefühle zu entwickeln, und die Phantasie kreisen zu lassen.

Ich habe eine Schwäche für die letztere Spezies, für Schriftstellerinnen und Schriftsteller, die unscheinbarste Alltagsdinge Funken schlagen lassen, lieber das Innenleben ihrer Figuren ausleuchten, als diese permanenten Abenteuern, permanenter Action auszusetzen, und die die Enge der geschilderten Welt gewisserweise transzendieren.

Der Schweizer Gerhard Meier (1917–2008) zählt zu diesen Raum-und-Zeit-Verwandlungskünstlern. Erst spät fand der gelernte Lampendesigner zum Schreiben. Nach kleineren Prosa- und lyrischen Arbeiten begann er 1977, einen fiktiven Kosmos zu schaffen, als er seinen Wohnort Niederbipp in »Amrain« umbenannte und sich ein unverwechselbares Reich schuf, das die Welt in den Südjura holt.

Kaspar Baur und Rudolf Bindschädler heißen seine Hauptfiguren, die in schmalen Büchern so plastisch zum Leben erweckt werden, dass man sie nicht für erfundene Gestalten halten möchte. Zwischen 1979 und 1990 ließ Meier sie in vier zusammengehörigen Romanen auftreten, in *Toteninsel*, *Borodino*, *Ballade vom Schneien* und dem Schlussstein *Land der Winde*, in Büchern, in denen an Äußerlichem herzlich wenig geschieht und die in den Gedanken ihrer Akteure dennoch einen weltumarmenden Bogen spannen.

Baur und Bindschädler, zwei Herren fortgeschrittenen Alters, spazieren gemeinsam durch Olten, erzählen und erinnern dies und jenes, lassen sich von Assoziationen und Eingebungen leiten. In der *Ballade vom Schneien* wacht Bindschädler zuletzt an der Seite des sterbenden Baur, und das schien das Ende der Romanfolge zu bedeuten. Doch *Land der Winde* greift das beharrlich-intensive Gespräch der beiden Männer wieder auf. An einem Novembertag des Jahres 1988 findet sich Bindschädler, der schweigsame Zuhörer, erstmals in Amrain, im »Zentrum der Welt«, ein, um das Grab seines einstigen Weggefährten aufzusuchen. Der Text setzt ein, als der Tote eine Ansprache an die Überlebenden richtet. Sieben Druckseiten lediglich, auf denen gleichermaßen über Kunst, Pferde, Herbstblätter und frühere Schulkameraden räsoniert wird – und dennoch sind sie der Kern des Buches.

Denn Baurs Rede durchzieht alle folgenden Erzählstücke, zunächst als Bindschädler sich ins Haus der Baur'schen Witwe begibt und die nun in den Konjunktiv transponierten Worte aus dem Grabe für sie wiederholt.

16

Und nachdem die beiden – in der für Meier so typischen Gelassenheit – gegessen und getrunken haben, greift die Frau das Gesagte noch einmal auf und lässt es so ein drittes Mal vorbeiziehen.

Die »Kunst der Wiederholung« (Peter Handke) hat in Gerhard Meier einen ihrer großartigsten Fürsprecher gefunden, und wer Wiederholung mit Langeweile gleichsetzt, verfehlt (diese) Literatur – und vielleicht das Leben. Noch über den Tod hinaus bereden sich Baur und Bindschädler, gehen Straßen und Wege entlang, bleiben an Häusern stehen, befragen ihre Erinnerungen und grübeln über deren Sinn nach.

Was sich beide zu sagen haben, schließt die Welt nicht aus: Das Leben und Sterben der Amrainer (daneben aber auch die Entwicklung der sowjetischen Perestrojka) fließen in diesen Kreis ein, begleitet von den Gerüchen und Geräuschen, die die Welt Baurs ausmach(t)en, eines Mannes, der selbst »nicht unbedingt zum Leben geschaffen« war und sich als Schriftsteller fühlte, »wenn auch als einer, der seine Werke in den Wind schrieb«.

Am Ende dieses Novembertags kehrt Bindschädler Amrain den Rücken, doch der Freund bleibt gegenwärtig. Ein Brief, den Baur einst von der Insel Rügen schrieb, fächert die Erinnerung nochmals auf, zum Beispiel an den geliebten Caspar David Friedrich oder an Ludwig Gotthard Kosegarten, »der Pfarrer gewesen sei in Altenkirchen auf Wittow: dem Land der Winde«. Einige Stunden sind verstrichen, knapp einhundertvierzig Romanseiten, und doch meint man, weite Räume durchschritten zu haben.

In *Toteninsel* hatte Baur, der verhinderte Autor, versucht, seine Vorstellung vom Schreiben festzuhalten – und damit das poetologische Prinzip Gerhard Meiers ausgebreitet:

Ohne dich mit meinem Literaturverständnis quälen zu wollen, muss ich doch sagen, dass für mich der Roman einem Teppich vergleichbar ist, einem handgewobenen, bei dessen Herstellung besonders auf die Farben, Motive achtgegeben wird, die sich wiederholen, abgewandelt natürlich, eben handwerklich gefertigt, beinahe mit einer gewissen Schwerfälligkeit behaftet, und der einen an ein Mädchen aus der Schulzeit erinnert und an eine Blumenmatte mit Kirschbäumen darauf, die gerade blühen; wobei man über diese Blumenmatte schreiten möchte, zumindest noch einmal und natürlich nicht allein.

2005 hat Gerhard Meier einen kleinen Text nachgeschoben, den Monolog *Ob die Granatbäume blühen*. Auslöser war der Tod seiner Ehefrau Dora, genannt Dorli, die nach sechzig Ehejahren einer tückischen Nervenkrankheit erlag. Meier versucht diesen Verlust einzukreisen. Sein Loblied auf das geliebte Dorli erinnert gemeinsame Spaziergänge, Lektüren oder Familienzusammenkünfte und trifft jenen ganz eigenen Erzählton, der schon die Suggestivkraft der Baur-und-Bindschädler-Romane ausmachte.

So entsteht auf diesen wenigen Seiten ein farbenprächtiges Gewebe, schattiert von einer schwebenden Melancholie, die durch ein »Geltenlassen der Dinge« besänftigt werden soll. Gerhard Meier spricht die Tote direkt an, berichtet ihr – als säße sie weiterhin neben ihm, im Haus am Südjurafuß – von dem, was sich zwischenzeitlich ereignet hat, signiert wie selbstverständlich ein Buch für sie und sinniert ohne pathetischen Überschwang darüber, wie es sein wird, wenn er und Dorli wieder zusammenkommen werden.

Zwischen dem Erinnerten und dem Gegenwärtigen, zwischen den Toten und den Lebenden und zwischen dem Ausgedachten und dem Realen klafft in Gerhard Meiers Gedankenwelt kein Abgrund. Dorli ist präsent wie einst, fast so greifbar wie ihre alten Gartenschuhe, die allenfalls ein wenig zur Seite gerückt werden ... und um die Ecke biegen jeden Moment, so scheint es, Baur und Bindschädler, um sich mit ihrem Schöpfer ein weiteres Mal aufzumachen, Amrain zu durchqueren:

Und wenn ich durch Amrain gehe, habe ich manchmal ein Gefühl, als schritte ich durch meine Schreibe. Höre den Baur reden, den Bindschädler. Und der Jura hat eine blaue Schärpe um.

Manchmal genügt es, vor die Tür zu treten, sich den Wind um die Nase wehen zu lassen und spazieren zu gehen. Mit Baur und Bindschädler.

Die ersten drei Bände der Baur-und-Bindschädler-Tetralogie – *Toteninsel, Borodino, Ballade vom Schneien* – wurden von 1979 bis 1985 im Zytglogge Verlag vorgelegt. *Land der Winde* und *Ob die Granatbäume blühen* erschienen 1990 und 2005 im Suhrkamp Verlag.

Bazireau, Françoise

Kaum zu überblicken sind die Haupt- und Nebenfiguren, die in den sieben Bänden von Marcel Prousts *Auf der Suche nach der verlorenen Zeit* auftreten. Allein in den weitschweifig ausgebreiteten Salonszenen defilieren unentwegt Gestalten aus der adligen und aufstrebenden bürgerlichen Welt vorbei. Manche vergisst man nicht, wie den begriffsstutzigen Doktor Cottard zum Beispiel, der im Gespräch kaum ein Fettnäpfchen auslässt, ein Meister des Missverstehens ist und trotz gewisser medizinischer Qualitäten kurzerhand als »Esel« gilt. Für andere gilt: aus den Augen, aus dem Sinn.

Doch wer meint, unter den vielen Figuren, die Proust (1871–1922) aufmarschieren lässt, müsste es ein Leichtes sein, welche zu finden, die man rasch und für immer und ewig ins Herz schließt, irrt. Denn sie alle haben ihre Macken, ihre Abgründe; sie alle sind – wie man es früher nannte – gemischte Charaktere, die nur bedingt Sympathien wecken. Charles Swann? Albertine? Odette? Elstir? Mademoiselle Vinteuil? Baron de Charlus? Die Verdurins? Nein, sie sind voller Ecken und Kanten, fallen durch Verlogenheiten oder Intrigen auf und neigen zu sexuellen Praktiken, die nicht jedermanns Sache sind.

Nun gut, dann entscheide ich mich für Françoise, die Haushälterin und Köchin, die – ein Sonderstatus! – den

Ich-Erzähler durch all die Jahre begleitet, vom ersten bis zum letzten Band. Sie ist schlichtweg unverzichtbar, redet, keinen Sprachschnitzer auslassend, wie ihr der Schnabel gewachsen ist, neigt zu Grausamkeiten, verkörpert in gewisser Weise das alte Frankreich, dessen Niedergang sie beklagt, und macht keinen Hehl aus ihren Antipathien. Albertine etwa, vor der sie den Erzähler unverhohlen warnt, ist ihr so verhasst, dass deren Tod in ihr nicht nur klammheimliche Freude hervorruft.

Als »Küchen-Michelangelo« führt sie am Herd ein strenges Regiment und scheut sich nicht, ihre sadistischen Neigungen auszuleben. Opfer ist das Küchenmädchen Eulalie – eine Vertraute von Dienstherrin Tante Léonie –, das unter einer Art Spargelallergie leidet, auf die Françoise jedoch nicht im Geringsten Rücksicht nimmt. Im Gegenteil: Sie erteilt der Beklagenswerten besonders viele Spargelschälaufträge.

Die bodenständige Françoise erledigt ihre Pflichten ohne Umschweife und hat keine Zeit für Empfindlichkeiten, etwa als sie ein Huhn küchenfertig zu machen hat. Da die soeben niedergekommene Eulalie als Zuarbeiterin ausfällt, ist Françoise im Stress:

Als ich in die Küche trat, war sie gerade dabei, einem Hähnchen den Garaus zu machen, das in seiner verzweifelten, sehr begreiflichen Gegenwehr, die von der zutiefst empörten Françoise, während sie ihm den Hals unterhalb der Ohröffnung zu durchschneiden versuchte, mit dem Ausruf »Mistvieh, elendiges!« begleitet wurde, die Sanftmut und schmelzende Güte unserer

Dienerin in einem weniger vorteilhaften Lichte erschei-
nen ließ als am folgenden Tage, wo es in seiner nach
Art eines Messgewandes mit Gold inkrustierten Haut
und seinem köstlichen, wie aus einem Ciborium rinnen-
den Saft auf der Tafel figurierte. Als es endlich tot war,
wischte Françoise das Blut auf, das ihren Groll offen-
bar nicht hatte ersäufen können; vielmehr bekam sie
im Gegenteil einen erneuten Wutanfall, und mit einem
Blick auf den Leichnam des endlich erledigten Feindes
rief sie noch einmal: »Mistvieh, elendiges!«

Der Erzähler ist erschüttert ob dieser Brutalität und zieht
einen Moment lang Françoises Entlassung in Erwägung –
bis ihm in den Sinn kommt, dass ein solcher Schritt Ent-
behrungen nach sich zöge: »Aber wer hätte mir dann
so schöne heiße Wärmflaschen in mein Bett gelegt, wer
einen so duftenden Kaffee bereitet, und wer schließlich
solche Poulets?«

So rabiat und selbstherrlich Françoise auftritt, so un-
bestechlich ist sie darin, neumodischen Schnickschnack,
dem der Erzähler und seine Freunde gern huldigen, zu-
rückzuweisen und die Segnungen der alten Traditionen
hochzuhalten. Als sie sich über die moderne Küche in
den neuen, schicken Pariser Boulevard-Restaurants mo-
kiert, dient ihr ein Rinderschmorbraten als Beispiel, um
die Unterschiede herauszustellen: »›Die machen alles
viel zu husch-husch‹, bemerkte sie über die berühmten
Restaurants, ›und dann nicht alles zusammen. Das Rind-
fleisch muss wie ein Schwamm werden, nur dann saugt es
alle Brühe auf.‹«

Dahinter verbirgt sich im Kleinen sogar die Poetik des Proust'schen Romans, denn wie dieser aus vielen einzelnen Elementen zu einem ästhetischen Ganzen wird, so ist auch das klassische Bœuf à la mode zuzubereiten. Erst wenn die Zutaten in einem langen Garprozess eins werden, entsteht ein perfektes Mahl. Roman und Rinderschmorbraten sind sich ähnlicher, als man denkt. Kein Wunder, dass die Kochpoetin Françoise ganz am Ende von *Auf der Suche nach der verlorenen Zeit* literarische Zuträgerinnendienste übernimmt: Wie Prousts Haushälterin Céleste Albaret unterstützt Françoise den Erzähler beim Schreiben und fügt Zettel um Zettel seiner Notizen zusammen.

Und nicht zuletzt: Das berühmteste Gebäck der Weltliteratur, jene Madeleines, die, in Lindenblütentee getaucht, dem Erzähler in einem Akt unwillentlicher Erinnerung endlich ermöglichen, seinen Kindheitskosmos heraufzubeschwören, werden in Combray nicht etwa beim Bäcker um die Ecke gekauft. Nein, es ist selbstverständlich Françoise, die sie eigenhändig backt und zur folgenreichen Teestunde reicht.

Auf der Suche nach der verlorenen Zeit erschien auf Französisch zwischen 1913 und 1927. Die erste deutsche Gesamtausgabe in der Übersetzung von Eva Rechel-Mertens folgte 1953 bis 1957 im Suhrkamp Verlag; diese wurde ab 1994 von Luzius Keller revidiert. 2013 bis 2016 legte der Reclam Verlag eine Übersetzung von Bernd-Jürgen Fischer vor.

Bouvard, François und
Pécuchet, Juste

Zwei Herren begegnen sich beim Spaziergang. Es ist
ein heißer Pariser Augusttag:

*Der eine kam von der Bastille, der andere vom Jardin
des Plantes. Der größere, ganz in Leinen gewandet,
ging mit in den Nacken geschobenem Hut, die Weste
aufgeknöpft und die Halsbinde in der Hand. Der
kleinere, dessen Rumpf in einem kastanienbraunen
Gehrock steckte, barg den Kopf unter einer Kappe mit
spitzem Schirm. Auf halber Strecke des Boulevards angekommen, nahmen sie gleichzeitig Platz, auf ein und
derselben Bank.*

Was da als zufällige Bekanntschaft einsetzt, erweist sich
rasch als folgenreiche Schicksalsfügung. Die beiden Männer gehen dem gleichen Beruf nach: Sie arbeiten als Kopisten, der eine – Witwer François Denys Bartholomée Bouvard – in einem Handelshaus, der andere – Junggeselle
Cyrille Romain Juste Pécuchet – im Marineministerium.
Binnen kurzer Zeit entdecken sie verblüffende Gemein-
samkeiten, angefangen damit, dass sie beide auf den staunenswerten Einfall kamen, ihre »Namen in die Kopfbe-
deckungen einsticken zu lassen«. Angewidert von den

Zeitläuften – man schreibt das Jahr 1838 –, beschließen sie alsbald, ihre alte Existenz abzustreifen und zu neuen Ufern aufzubrechen. Eine Erbschaft ermöglicht es ihnen schließlich, den Moloch Paris hinter sich zu lassen und sich auf ein Landgut in der Normandie, irgendwo, wie Flaubert (1821–1880) schrieb, in einer »öden Ebene zwischen Caen und Falaise«, zurückzuziehen.

Bouvard und Pécuchet, das sind die wahrlich unvergesslichen Helden in Gustave Flauberts letztem, unvollendet gebliebenem Roman, der an Komik kaum zu übertreffen ist und in seiner Modernität weit ins 20. Jahrhundert weist. Was dort geschieht, lässt sich knapp zusammenfassen – am besten in den Worten des mit Flaubert eng verbundenen Guy de Maupassant:

Dann beginnen sie eine Reihe von Studien und Experimenten, die alle menschlichen Kenntnisse umfassen. Zuerst widmen sie sich der Gartenkunst, dann dem Ackerbau, der Chemie, der Medizin, der Astronomie, der Archäologie, der Geschichte, der Literatur, der Politik, der Hygiene, dem Magnetismus, der Zauberkunst. Sie kommen zur Philosophie, verlieren sich in ihren Abstraktionen, geraten auf die Religion, werden sie leid, versuchen die Erziehung zweier Waisen, scheitern wiederum und geben sich in ihrer Verzweiflung wieder an das Abschreiben wie früher.

Und in der Tat verläuft der neue Alltag der oft dümmlich und mitunter tragisch wirkenden Männer auf diese Weise. In unermüdlicher Besessenheit versuchen sie das Dickicht der aufblühenden Wissenschaften zu durchkämmen und nehmen immer wieder neue Anläufe, die aufkommenden Meinungen und Erkenntnisse zu verstehen und auf ihr normannisches Leben zu münzen. Zur Erheiterung der sie ausnutzenden Dorfbevölkerung geben sich Bouvard und Pécuchet als beschlagene Landschaftsarchitekten, Gärtner und Hauswirtschafter, werfen das Geld aus dem Fenster und scheitern auf allen Gebieten kläglich.

Mit galliger Lust beschreibt Flaubert die ehemaligen Kopisten, die er zu Slapstickfiguren macht. Als sie ihre Fertigkeiten an Küche und Herd ausprobieren und selbst Alkoholika ansetzen, ist das Ergebnis filmreif. Lesen wir selbst:

Jetzt aber hatten sie Wichtigeres zu tun! Endlich waren nämlich alle Ingredienzien für die »Bouvarine« beisammen. Und sie füllten sie in den Destillierkolben, setzten Alkohol zu, entflammten das Feuer und warteten. Währenddessen holte Pécuchet, dem das Missgeschick mit dem Malaga noch schwer im Magen lag, die Konservendosen aus dem Schrank und löste den Deckel der ersten, dann der zweiten, schließlich der dritten. Wütend warf er sie weg und rief Bouvard herbei.

Bouvard schloss den Stopfen der Kühlschlange und stürzte sich auf die Konservendosen. Die Fleischscheiben ähnelten gekochten Schuhsohlen. Der Hummer hatte sich in einer stinkenden Jauche aufgelöst. Das Fischragout war nicht mehr wiederzuerkennen. Auf der Suppe hatten sich Fäulnispilze gebildet – und miteins war das ganze Labor von einem unerträglichen Gestank erfüllt.

Urplötzlich zerbarst dann, mit dem Knall einer ex-
plodierenden Granate, der Destillierkolben in tausend
Stücke, die bis zur Decke hinaufstoben, die Tiegel zer-
schmetterten, die Schaumlöffel platt walzten und die
Gläser zerbrachen; die Kohlestückchen flogen umher,
der Reflektorofen war dahin, und am nächsten Tag
fand Germaine noch einen Spatel im Hof.

Bouvard und Pécuchet ist ein Roman, dessen Handlungsfortgang völlig vorhersehbar ist. Was immer dessen Helden sich ausdenken und in die Tat umsetzen, ist zum jämmerlichen Scheitern verurteilt – ob sie nun Melonen anbauen, aus ihrem Garten einen Skulpturenpark machen oder bei spiritistischen Sitzungen ihr »Körperinneres« spüren, was sich bei genauerer Betrachtung leider nur als Regung eines Bandwurms erweist. Flaubert verzichtet weitgehend auf eine herkömmliche Handlung, auf Spannungsbögen jedweder Art. Gewiss, das Schicksal der Kopisten ist kein schönes; es gibt Konflikte mit Bediensteten und der Nachbarschaft, und zwischendurch überlegen sich beide, ihr Sexualleben ein wenig aufzufrischen. Die Annäherungen ans weibliche Geschlecht verlaufen freilich – wen wundert's? – unersprießlich, sodass man Keuschheitsgelübde ablegt, sich »aus Angst, der eigenen Blöße ansichtig zu werden, in der Unterkleidung zu Bett« begibt und das Thema Frauen schnell abhakt: »›Keine Frauen mehr, abgemacht? Versuchen wir's künftig ganz ohne sie!‹«

Flaubert konnte das Manuskript seines Romans nicht abschließen. In einer Skizze deutet er jedoch an, welches

Weiterleben er sich für seine ermatteten Forscher ausgedacht hatte: Da sie »keinerlei Interesse am Leben« mehr zeigen und zudem von den politischen Entwicklungen enttäuscht sind, sollen sie in ihren alten Beruf als Abschreiber zurückkehren und zu diesem Behufe einen »Schreibtisch mit doppeltem Pultaufsatz« in Auftrag geben, sodass sie einander bei ihrem sinnarmen Tun im Blick behalten können.

Wie sich Flaubert die Fortführung seines Romans im Detail vorstellte, lässt sich aus seinem Nachlass ungefähr rekonstruieren. Was der Autor aus rund 1500 wissenschaftlichen Werken an Belegen menschlicher Dummheit exzerpierte, sollten seine des Forscherlebens überdrüssigen Helden offenbar bis zu ihrem Lebensende abschreiben. Nichts Eigenes kommt in diesem Buch mehr vor, nur die Reproduktion sich widersprechender, haarsträubender Wissenschaftsprosa. Flaubert schwebte in gewissem Sinn eine Revolution des Romans vor, ein Band, der den Autor selbst zum Verschwinden bringt und gänzlich ohne dessen Kommentierungen auskommt. Es gehe, wie er in einem Brief an Louise Colet schrieb, um »ein Buch, in dem kein Wort vorkommen dürfte, das auf meinem eigenen Mist gewachsen ist«. Mit klassischer Erzählliteratur hat das nichts mehr zu tun. Die Methode verweist unmissverständlich auf avancierte literarische Formen, auf jene im 20. Jahrhundert so geläufigen Versuche, das Erzählen selbst zum Problem zu machen, seine Unmöglichkeit im Text selbst zu spiegeln.

Bouvard und Pécuchet blieb ein Torso. Seine tragisch dämlichen Helden haben einen festen Platz in der Weltliteratur dennoch sicher. Es lohnt sich, die Probe aufs Exempel zu machen und die beiden Herren in die Normandie zu begleiten.

Ein halbes Jahr nach Flauberts Tod wurde der Roman von Dezember 1880 bis März 1881 in der Zeitschrift *La Nouvelle Revue* und kurz darauf in Buchform veröffentlicht. Die erste deutsche Übersetzung – von Ernst Wilhelm Fischer – erschien 1922; dieser folgten weitere, unter anderem von Caroline Vollmann und Ernst Wolfgang Skwara. Hans-Horst Henschen machte aus seiner 2003 vorgelegten Übersetzung im Wallstein Verlag 2017 eine vierbändige Edition, einen »Werkkomplex«, der auch die Materialien des Nachlasses umfasst.

Bovary, Emma

Emma Bovary, geborene Rouault, eine schöne Bauerntochter aus der französischen Provinz, ehelicht den verwitweten Landarzt Charles Bovary und hofft, durch diese Heirat ihren bunten Träumen vom schönen Leben näher zu kommen. Doch der Alltag an der Seite des eher schlichten Mediziners ist grauer als erwartet: Nicht einmal die Geburt ihrer Tochter – ein Sohn hätte es zudem sein sollen! – vermag Emmas Tristesse zu vertreiben. So hatte sie sich das Leben nicht vorgestellt, so sahen ihre hochfahrenden Phantasien nicht aus. Selbst ein Umzug in die Kleinstadt Yonville vermag ihrem Leben keine Glanzlichter aufzusetzen. Yonville ist nicht das sehnsüchtig imaginierte Paris, dessen Boulevards Emma auf einem Stadtplan mit dem Finger nachfährt, und seine Bewohner haben gar nichts Mondänes an sich, und so dominieren weiterhin »Alltagsgefühle und lauwarme Gefühle«.

Wie es mit Emma weitergeht, ist bekannt. Wo unzufriedene Frauen sind, da lassen galante Verführer nicht auf sich warten. Was der biedere Gemahl nicht bieten kann, soll in den Armen anderer zu finden sein, in denen Rodolphes beispielsweise, eines routinierten Eroberers, der weiß, was frustrierte Landfrauen hören wollen. Oder beim Notariatsgehilfen Léon, der – nachdem Rodolphe seine exaltierte Geliebte abstößt – zum Liebhaber Nummer zwei wird. Mit ihm unternimmt Emma eine berühmt gewordene Fahrt mit einer Droschke, in deren dunklen Tiefen sich – was zur zeitgenössischen Skandalisierung des Romans beitrug – allerhand Freizügiges abspielt.

Mag das Lügengespinst, das Emma errichtet, um ihre wöchentlichen Rendezvous mit Léon zu ermöglichen, anfangs größte Auf- und Erregung garantieren, so erkaltet dieser Reiz schneller als erwartet. Die Katastrophe naht: Emma kurbelt den Umsatz im Provinzstädtchen an, verschuldet sich, ergibt sich den Gläubigern, greift zum Arsen und flieht in den Selbstmord. Da ist niemand, der zu Hilfe eilen könnte. Freundinnen hat sie keine, ebenso wenig übrigens wie ihre Leidensgenossin Effi Briest.

Wie konnte es dazu kommen? Ist alles nur dem »Schicksal« anzulasten, wie es der hilflose arme Charles am Ende tut? Sehen wir uns die Geschichte der Emma Bovary genauer an: Flaubert lässt keinen Zweifel daran, dass es auch die Bücher waren, die Emma Bovarys schäumende Träume nährten. Das Lesen verdirbt ihr junges Gemüt; wo immer Herrensitze, Schlösser, feurig Liebende oder Ritter in den musikalischen und literarischen Romanzen auftauchen, die Emma in wilder Gier verschlingt, sieht die verblendete Leserin ihren eigenen Weg vorgezeichnet: Die »Realitäten des Lebens« nehmen darin »den phantastischen Zauber der Sentimentalität« an – ein Verhängnis.

Als Léon die Arztgattin zu beeindrucken sucht, führt er passenderweise ein Gespräch über Literatur und flößt Emma das Gefühl ein, auf einen gleichgesinnten, gleichgestimmten Leser gestoßen zu sein:

»Haben Sie es nicht zuweilen erlebt, in einem Buche einer bestimmten Idee zu begegnen, die man verschwommen und unklar längst in sich selbst trägt? Wie aus der Ferne schwebt sie nun mit einem Male auf einen zu, gewinnt feste Umrisse, und es ist einem, als stehe man vor der Offenbarung seines tiefsten Ichs …«

Emma ist somit – selbst wenn es hart klingt – eine »falsche« Leserin, eine, die in allem nur sich, die Offenbarung ihres Selbst finden möchte. Die Bücher haben Emma Bovary geschadet, das lässt sich nicht anders sagen. Sie ist, wie Flaubert es ausdrückte, eine »Frau der falschen Poesie und der falschen Gefühle«, die von quälender Langeweile erfasst wird.

»Mögen Sie Madame Bovary?« – diese Frage lässt sich nicht so einfach beantworten, wie es auf den ersten Blick scheint. Natürlich kann man Emma als Ehebrecherin, als schlechte Mutter, als verblendete Träumerin oder verantwortungslose Verschwenderin tadeln, doch ist sie nicht auch eine Frau, die ihre Illusionen nicht begraben und sich nicht wie die Bürgerinnen und Bürger von Yonville mit dem Wohlfeilen und der Regentschaft des Geldes arrangieren will?

»Sitten in der Provinz« lautet der Untertitel des Romans, und natürlich ist Emma ein typisches Opfer des Provinziellen, dessen reinste Verkörperung ihr rechtschaffener Mann Charles darstellt. Ihn lernen wir gleich zu Beginn kennen, als ungelenken Schulneuankömmling, als Außenseiter, über den der Erzähler ein scharfes Urteil fällt: »Heute wäre es keinem von uns mehr möglich, sich auch nur im Geringsten an ihn zu erinnern.« Dass er Emma das Ersehnte nicht bieten kann, steht somit von Anfang an fest. Wenn er nach getaner Arbeit nach Hause kommt und trübsinnig sein Essen zu sich nimmt, verwandelt sich der »Dampf des Suppenfleisches« für seine Gemahlin zu »Ekelschwaden«. Und selbstverständlich endet auch Charles' letzte Chance, sich zu profilieren, im Desaster. Eine Klumpfußoperation, zu der man den überforderten Landarzt nötigt, scheitert kläglich, und Emmas Hoffnung, den Gatten zum gefeierten Chirurgen aufsteigen zu sehen, ist dahin.

Flauberts viel gerühmter Stil und sein gnadenloses Sezieren des menschlichen Tuns führen dazu, dass man trotz aller Schärfe, mit der er das Provinzleben demaskiert, selten ein eindeutiges Urteil über seine Figuren fällen kann. Sie sind vielschichtiger, als man glaubt. Selbst für Charles Bovary gab es Ehrenrettungen (zum Beispiel in Jean Amérys *Charles Bovary, Landarzt. Porträt eines einfachen Mannes*), und auch der Apotheker Homais, dem das letzte Wort des Romans – »Seit Kurzem hat er das Kreuz der Ehrenlegion« – gehört, ist mehr als der blinde Fortschrittsgläubige, der oft in ihm gesehen wurde.

Ja, ich mag Emma Bovary, weil sie sich – Verblendung hin, Verblendung her – mit dem Gegebenen nicht arrangiert. Dass sie im Unglück endet, ist folglich zwangsläufig. Ihre Sehnsucht, die triste Realität zu überwinden, teilt sie mit ihrem Schöpfer Gustave Flaubert. Das ihm zugeschriebene (und nicht recht nachweisbare) Diktum »Madame Bovary, c'est moi« deutet es an: Auch der Autor will die Realität hinter sich lassen, sie besiegen, mit seiner Kunst, seiner nach Perfektion strebenden Kunst.

Ach ja, und das noch: Wer erleben möchte, wie schwer es selbst bekannten Regisseuren fällt, Literatur zu verfilmen, sehe sich Claude Chabrols Adaption aus dem Jahr 1991 an. Selbst die großartige Isabelle Huppert als Emma Bovary kann da nichts retten. Flauberts Subtilität verschwindet fast gänzlich hinter Chabrols Dekorationsstücken. Aber wir haben ja zum Glück den Roman.

Madame Bovary erschien 1857 im französischen Original mit dem Untertitel »Mœurs de province«. Die erste vollständige deutsche Übersetzung lag 1892 vor. Bis heute wurden zahlreiche Übertragungen ins Deutsche veröffentlicht, unter anderem von Walter Widmer, Arthur Schurig, René Schickele, Ernst Sander oder Hans Reisiger. 2001 erschien Caroline Vollmanns Neuübersetzung im Haffmans Verlag, 2012 die von Elisabeth Edl im Carl Hanser Verlag.

Brenner, Simon

Wer als Romanfigur das Glück hat, in Serie auftreten zu dürfen, hat fraglos größere Chancen, sich in das Bewusstsein der Leserinnen und Leser einzugraben. Vor allem im Krimi oder Thriller kehren die Kommissare oder Detektive immer wieder, und so sind uns diese – sei es bei Agatha Christie, Georges Simenon, Fred Vargas, Henning Mankell oder Jean-Luc Bannalec – so vertraut, als gehörten sie seit Langem zur Familie.

1996 erfuhr das Genre eine großartige Bereicherung – durch den 1960 geborenen promovierten Sprachwissenschaftler Wolf Haas. *Auferstehung von den Toten* hieß sein originelles Debüt, dem mit den konventionellen Beschreibungsmustern von Kriminalromanen nicht beizukommen ist. Schon die Fälle, die es bei Haas aufzuklären gilt, fallen aus dem Rahmen. Im Erstling beispielsweise trifft man gleich zu Anfang auf amerikanische Eisleichen in einem Pinzgauer Sessellift, und im zweiten Band *Der Knochenmann* gehören die aufgefundenen Toten ebenfalls nicht ins Krimistandardrepertoire. Schauplatz ist die Grillstation Löschenkohl, wo Hendl jeder Art die Spezialität sind und die halbe Steiermark liebend gern einkehrt. Was dort ans Tageslicht kommt, ist nichts für sensible Gemüter. Die Beliebtheit des Löschenkohls lässt alsbald Entsorgungsprobleme auftreten. Wohin mit all dem Abgenagten, wohin mit den Abfallbergen? Eine Knochenmehlmaschine muss her, die brav verarbeitet, was die Gäste zurücklassen – und nicht nur das. Ein übler Mensch nutzt das hohe Knochenaufkommen aus und schleust menschliche Überreste in den Entsorgungskeller ein. Die nicht geflügeltypischen Oberschenkelknochenreste werden entdeckt – und rufen die Polizei auf den Plan, die allerdings nichts Entscheidendes zur Aufklärung beizutragen vermag.

Denn in Haas' Romanen sind es nicht die »Kieberer«, die Fälle lösen. Dafür ist Simon Brenner zuständig, ein Mann, anfangs in den Vierzigern, der einst unter dubiosen Umständen den Polizeidienst quittieren musste und sich nun als Privatdetektiv durchschlägt. Unkonventionell sind die Methoden, die er einsetzt, um Österreichs Verbrecher zur Strecke zu bringen; er ermittelt quasi im »detektivischen Halbschlaf«. Und unkonventionell ist auch Brenner selbst, der mit sich und seinem Leben mindestens so stark zu kämpfen hat wie mit dem Bösen in der Welt.

Für ein bürgerliches Leben im klassischen Sinn ist Brenner nicht zu haben. Er bewegt sich stets hart an der Verwahrlosungsgrenze, ist Rauchwaren und alkoholischen Getränken zugeneigt, grantelt vor sich hin, sucht die Nähe von Frauen, die diese Nähe nicht immer teilen wollen, kämpft mit Geldproblemen und nimmt, der Not gehorchend, unterschiedlichste Jobs an, als Chauffeur, Rettungssanitäter oder »Mistler« in einer Wiener Mülldeponie.

Brenners Verlangen, sich nicht beschränken zu lassen,

zeigt sich auch in seiner Wohnungswahl. Musste er ohnehin meist mit bescheidenen Unterkünften vorliebnehmen, so geht er in seinem bislang letzten Fall, in *Müll*, einen Schritt weiter: Sein Widerwille, im spätkapitalistischen Mehr-Schein-als-Sein-Spiel mitzumachen, ist gewachsen – derart, dass er sich nicht einmal mehr mit einer eigenen Wohnung belasten will. Er sucht nach kurzfristig leer stehenden Domizilen, die sich als Unterschlupf eignen. »Bettgeher« nennen das die einen, »home invader« die anderen.

Zwischen 1996 und 2022 hat Wolf Haas neun Simon-Brenner-Romane vorgelegt – eine Frequenz, über die Donna Leon nur milde lächeln würde. Sie alle zeichnen sich durch ihren skurrilen Humor aus, der en passant die nicht wenigen Absurditäten, die ein Leben in Österreich mit sich bringt, aufs Korn nimmt. Und vor allem sind sie kleine sprachliche Wunderwerke, die vor unvollendeten Halbsätzen, grammatikalischen Kühnheiten, Austriazismen, Einschüben, Verrenkungen und unnachahmlichen Satzgefügen strotzen, die kunstvoll ineinander verschränkt sind und das melancholische Gedankendurcheinander in Brenners wirrem Kopf widerspiegeln.

Einmal übrigens wäre uns Simon Brenner beinahe gänzlich abhandengekommen. Denn sein Erfinder Haas gab dezidiert zu Protokoll, nicht wie Donna Leon & Co. enden und seinen Brenner nicht auf alle Ewigkeit niederträchtigen Verbrechern nachjagen lassen zu wollen. Ein Ende sollte die wunderbar sprachmächtige Reihe mit dem sechsten Fall *Das ewige Leben* haben.

Immerhin ging Haas nicht so weit wie Arthur Conan

Doyle, der seinen Protagonisten in tosende Wasserfälle stieß. Stattdessen bediente er sich eines famosen Kunstgriffs und beförderte den Erzähler der Brenner-Geschichten ins Jenseits, diese eigentümliche, allwissende Figur, die die Fäden nicht aus der Hand gab, sich stets davor hütete, ins Geschehen involviert zu werden, und immer wieder Zeit fand, die einzelnen Schritte der Brenner'schen Ermittlungen zu erörtern. Auf den letzten Seiten vom *Ewigen Leben* scheint die Sache klar: Tot ist er, der Erzähler, dahingerafft von einem schnöden Pistolenschuss.

Zum Glück war das nicht das letzte Wort, und erweicht von wem auch immer, ließ sich Haas überreden, in Sachen Brenner-Wiederauferstehung aktiv zu werden. Sechs Jahre dauerte es, bis 2009 der siebte Band *Brenner und der liebe Gott* erschien und sich eine verblüffend einfache Lösung fand, Brenners Schöpfer, den Erzähler, aus der Unterwelt zu holen. »Meine Großmutter hat immer zu mir gesagt, wenn du einmal stirbst, muss man das Maul extra erschlagen«, so lautet der Auftaktsatz des Romans, und weil sich offenkundig niemand fand, der die großmütterliche Empfehlung in die Tat umsetzte, verliert der tote Erzähler seine Stimme nicht und fährt, als sei nichts geschehen, fort, die Geschichte des ewig leidenden Brenner zu protokollieren, aus einem fernen transzendenten Raum gewissermaßen.

So kehrte Simon Brenner damals zu uns zurück, jener Brenner, der uns nicht nur aus Haas' Romanen, sondern auch aus drei Verfilmungen vertraut ist. Josef Hader spielt Brenner darin so, wie man es nicht hätte besser machen können. Und einen Trost spendet uns der Ex-Polizist überdies: Er altert im Haas'schen Erzählkosmos langsamer, als es rechnerisch der Fall sein müsste. In *Müll* müsste er die siebzig längst überschritten haben – was nicht der Fall ist. Druckerschwärze konserviert.

Wolf Haas' neun Brenner-Romane – von *Auferstehung der Toten* bis *Müll* – erschienen zwischen 1996 und 2022 zuerst bei Rowohlt und dann bei Hoffmann und Campe.

Dallon, Mary Louise

Anfang der 1990er-Jahre habe ich diese Frau kennengelernt, die unglückselige Mary Louise Dallon aus William Trevors Roman *Turgenjews Schatten*. Fünf- oder sechsmal habe ich diesen seitdem wiedergelesen, und inzwischen ist Dallon mir so vertraut, als würde sie in meiner Nachbarschaft wohnen, als hätte ich ihr Schicksal hautnah verfolgt.

Bücher, die von simplen Frohnaturen bevölkert werden und die zielstrebig auf ein kitschiges Happyend zusteuern, sind keine Garanten des Leseglücks. Die leicht-seichte Kost, die die platte Unterhaltungsliteratur anbietet, mag kurzfristiges Wohlgefühl erzeugen; auf Dauer sättigt sie Menschen nicht. Deshalb lasse ich mich gern auf Romane ein, die vom Unglück erzählen und dazu nötigen, über die Ursachen dieser Unglücksverstrickungen nachzudenken.

Der Ire William Trevor (1928–2016) ist ein Meister solcher Szenarien. In seinem vielleicht schönsten Roman *Turgenjews Schatten* taucht man nach wenigen Seiten in die irische Provinz ein, genauer: in die Gedankenwelt der Mary Louise Dallon, einer Frau, die uns in zwei weit auseinanderliegenden Lebensphasen begegnet: als Endfünfzigerin, die seit über drei Jahrzehnten in einer psychiatrischen Klinik lebt, und als junge Frau, die das karge

Dasein auf dem elterlichen Hof aufgibt und den wohlhabenden, deutlich älteren Textilhändler Elmer Quarry ehelicht.

Mary Louise ist ein stilles Mädchen, das den scheuen Avancen des ungelenken, nicht eben gut aussehenden Spezialisten für Garne und Stoffe nachgibt, ohne sich über die Folgen dieses Schrittes groß Gedanken zu machen. Nach angemessener Werbung heiraten die beiden und unternehmen eine Hochzeitsreise ans Meer, deren erster Abend dank der nachhaltigen Wirkung von Whiskey und Cherry Brandy feuchtfröhlich endet. Mary Louise zieht zu ihrem Mann und dessen eifersüchtigen, intriganten Schwestern in die nahe Kleinstadt und versucht, ein »normales« Leben als Ehefrau zu führen.

William Trevor schildert Mary Louises Untergang so, als würde ein Unglück unweigerlich aus dem vorangegangenen folgen. Es gibt keine offensichtlichen Katastrophen in dieser Ehe, und doch könnte das Leiden der jungen Frau nicht grausamer sein. Bald schon haben sich die Eheleute außer Floskeln nichts mehr zu sagen; bald wirkt ihr Sexualleben, als habe es nie stattgefunden, und bald gerät Mary in die Giftküche der Schwestern, die nicht verstehen, weshalb der Bruder sich nicht mit ihrer Gesellschaft begnügen wollte.

Vom ersten Kapitel an weiß man, wie Marys Leben enden wird, und folgt der Erzählung dennoch atemlos. Elmer beginnt, auf seinen Ruf als Geschäftsmann bedacht, heimlich zu trinken, während sich Mary auf dem Dachboden des Hauses verschanzt und nach und nach die Kontakte zu ihrer Familie abbricht. Einmal noch glimmt

Hoffnung auf, als sie ihren Cousin Robert besucht, einen kränklichen jungen Mann, der mit Zinnsoldaten Schlachten nachstellt und zum einzigen Vertrauten Marys wird. Gemeinsam verbringen sie Sonntagnachmittage auf einem verlassenen Friedhof – mit den Büchern Iwan Turgenjews, die Robert seiner Cousine vorliest. *Väter und Söhne* übt einen magischen Reiz auf Mary aus, wiewohl sie kaum nachvollziehen kann, dass auch dieser Roman von einer Liebe erzählt, die keine Erfüllung findet.

Als Robert stirbt, brechen alle Dämme: Mary baut sich ihr eigenes Phantasiereich, ausstaffiert mit den alten Möbeln und Spielsachen des geliebten Cousins. In der engen kleinstädtischen Welt ist dafür kein Platz. Als Elmers Schwestern beginnen, alle Welt gegen Mary aufzuhetzen, und ihr unterstellen, Rattengift ins Abendessen gemischt zu haben, kann der hilflos schwitzende Ehemann nicht anders, als seine Frau in eine Anstalt einliefern zu lassen. Dort ist Mary Louise ganz bei sich und ihren Träumen, die von der Liebe zu ihrem Cousin handeln.

Als das Heim in den 1980er-Jahren seine Tore schließen muss, kehrt Mary als ferner Geist in die Stadt zurück – sich danach sehnend, in einem gemeinsamen Grab mit Robert vereint zu werden – und ist die einzige Kirchgängerin:

> *»Ich muss jetzt gehen«, sagt der Geistliche, hört ihr aber noch zu, als sie von Turgenjews Fischern erzählt. Die Werbung ihres Cousins hatte darin bestanden, sie in die Welt eines Romanciers einzuladen, das war alles, was ihm möglich war, war das, was sie akzeptieren konnte.*

*Und doch stellten sich am Ende, wie eine Erfüllung, lei-
denschaftliche Gefühle ein. Einunddreißig Jahre lang
hatte sie sich an eine Zufluchtsstätte geklammert, in der
ihr Liebesverhältnis sich ausbreiten konnte, ein sicheres
Haus, das ihr Schutz bot. Einunddreißig Jahre lang galt
sie als verrückt und lebte in Frieden.*

Trevor schreibt einfache Sätze, voller beiläufig formu-
lierter und doch betörend genauer Beobachtungen für
noch so nichtig scheinende Details. Seine melancholische
Kunst gibt dem Ehe- und Lebensunglück seiner trauri-
gen Heldin Mary Louise alle Würde zurück. Wie sie in
Iwan Turgenjews Erzählungen geheimnisvollen Trost
findet, so gehen wir als Leser merkwürdig gestärkt – und
vielleicht glücklich – aus William Trevors Meisterwerk
hervor. Bald werde ich es noch einmal lesen und an Mary
Louise Dallons Seite sein.

William Trevors Roman erschien 1991 im englischen Original –
als *Reading Turgenev* – in dem Band *Two Lives* und zwei Jahre
später in Thomas Gunkels Übersetzung im Hitzeroth Verlag, die
in durchgesehener Fassung wiederum 2011 bei Hoffmann und
Campe neu aufgelegt wurde.

Deume, Adrien

M an meint sie fast alle zu kennen, die Klassiker der literarischen Moderne des 20. Jahrhunderts. James Joyce, Thomas Mann, Marcel Proust, Virginia Woolf, Alfred Döblin oder Robert Musil – mit ihren Werken (oder zumindest ihren Namen) sind die meisten Literaturinteressierten vertraut. Doch darüber hinaus gibt es Bücher, die zu den Geheimtipps zählen und oft lange darauf warten müssen, endlich entdeckt zu werden.

So wie es mir ergangen ist mit Albert Cohen, dem französischsprachigen Schweizer Schriftsteller, 1895 auf Korfu geboren, 1981 in Genf gestorben, und seinem Hauptwerk *Die Schöne des Herrn*. Erschienen ist dieser »Jahrhundertroman« (Michael Kleeberg) ausgerechnet 1968, im Jahr der westeuropäischen Revolten, als in der französischen Literatur die Nachwehen des Existenzialismus, das absurde Theater, Sozialkritisches und die avantgardistischen Werke des Nouveau Roman dominierten.

Cohens Roman, dritter Band einer Tetralogie, hat damit nichts gemein, ja erhebt sich über die Niederungen dessen, was damals als große Literatur erachtet wurde. Der Tausendseiter steht wie ein Solitär nicht nur in der französischen Literaturlandschaft jener Zeit und weist einen einmaligen Reichtum der Sprache auf, angereichert mit einem omnipräsenten brillanten sarkastischen Humor, der gesellschaftliche Auseinandersetzungen – wir befinden uns in den späten 1930er-Jahren – in einen Roman über eine sich als absolut verstehende Liebe packt.

Ergriffen hat mich jedoch nicht in erster Linie das – natürlich tragisch endende – Paar Solal und Ariane, das eine Zeit lang glaubt, sich mit seiner Leidenschaft über alles erheben zu können. Nein, mein Herz gehörte schon bei der ersten Lektüre Arianes gebeuteltem, vielfach gehörntem Ehemann Adrien. Er ist eine durch und durch lächerliche Figur, ein armer Hund, der einen Rückschlag nach dem anderen erleidet und erst sehr spät realisiert, welch übles Spiel mit ihm gespielt wird.

Bedingungslose Liebe erfährt der junge Belgier allein durch seine Adoptiveltern Antoinette, die im Haus ein strenges Regiment führt, und Hippolyte, der zufrieden ist, wenn ihm niedere Aufgaben zugewiesen werden. Dass die formidable, aus bestem Haus stammende Ariane, die »Schöne des Herrn«, seine Gattin geworden ist, vermag er selbst kaum zu glauben. Ihre Capricen erduldet er klaglos, weiß er doch, wie sie sein Ansehen in der Welt mehrt.

Adrien Deumes Erwartungen an diese Welt sind einfacher Natur: Er will Karriere machen und die gesellschaftliche Renommeeleiter zügig erklimmen. Davon ist auch sein Berufsalltag geprägt. Er wirkt als Beamter beim Genfer Völkerbund und verbringt seinen viel zu langen Arbeitstag vor allem mit Überlegungen zu seinem Fortkommen. Wie gelange ich zu meiner nächsten Beförderung? Welche Ausmaße und welchen Komfort wird mein neues Dienstzimmer dann haben?

Adrien ist einer, der nach oben buckelt und nach unten tritt, der seinen Vorgesetzten, unabhängig davon, wie er in Wahrheit über sie denkt, nach dem Mund redet, ein Speichellecker par excellence. Über seine nächsten Karriereschritte vermag er in aller Ruhe nachzudenken, weil Arbeit im herkömmlichen Sinne nicht anfällt. Was nicht bedeutet, dass er nicht genau darauf achtet, einen höchst betriebsamen, ja überarbeiteten Eindruck zu hinterlassen. Den Anschein größter Aktivität zu erwecken, darauf kommt es an.

Albert Cohen machte selbst zwischen 1926 und 1931 diplomatische Erfahrungen in der Organisation internationale du Travail (OIT), und zweifelsohne hat sein trauriger Held Adrien Deume davon profitiert. Als Meister der Prokrastination versteht dieser es, der Arbeit aus dem Weg zu gehen, und ist gleichzeitig sorgsam darauf bedacht, dass seine Kollegen davon nichts mitbekommen:

»An die Arbeit!«, verkündete der Völkerbundbeamte Adrien Deume sich selbst in seinem Büro und nahm eine Akte, ohne sich den Titel anzusehen. Pech, es war die syrische, eine höchst unsympathische Akte. »Später noch mal vornehmen.« Er klappte den Deckel zu, erhob sich und ging auf einen Plausch zu Kanakis, mit dem er einige vorsichtige Bosheiten über Pei, den kürzlich in den Grad A versetzten Chinesen, austauschte. Wieder zurück, öffnete er erneut die Akte, rieb sich die Hände und atmete tief ein, »An die Arbeit!«. Wie ein Kämpfer vor der Schlacht krempelte er die Ärmel hoch. »Wird sogleich erledigt.« Er stand auf und suchte erst einmal

auf den Toiletten Zuflucht, wo man auf höchst legitime
Weise einige Zeit verstreichen lassen konnte.

Auch so kann man einen Arbeitstag verbringen: mit aus-
giebigen Toilettengängen, Paternosterfahrten und dem
Anspitzen von Bleistiften. Und mit den Grübeleien darüber, wie man den Vorgesetzten, den Untergeneralsekretär
Solal, für sich einnehmen könnte. Dass der Jude ist,
missfällt Adrien natürlich, doch klugerweise hält er mit
seinen antisemitischen Gedanken hinterm Berg. Zu den
großartigsten, ausführlich erzählten Szenen des Romans
gehört der Fehlschlag einer Abendeinladung bei den
Deumes, die Solal überraschenderweise angenommen hat.
Ob dieses Glücks, das den nächsten Aufstieg verspricht,
denken Adrien und seine Mutter tagelang darüber nach,
wie dieser Abend zu einem berauschenden Fest werden
könnte, das Solal nie mehr vergessen soll. Allein die üp-
pige Speisenfolge wird mehrfach abgeändert, und als die
verheißungsvolle Stunde naht, ist Adrien in seinem Überschwang kaum mehr zu bändigen. Doch es kommt, wie
es kommen muss: Die Zeiger der Uhr rücken unnachgie-
big vor; die Unruhe im Hause Deume wächst, Hippo-
lytes Hunger ebenso, aber man wartet ganz vergeblich
auf Solals Kommen.

Ein schwerer Schlag fraglos für Deume, doch wie es
sich für einen Subalternen gehört, ist der mit Unmengen
von Champagner und Austern Zurückgelassene sofort
bereit, seinen Vorgesetzten zu entschuldigen. Überra-
schende dringliche Dienstplichten, wie ein Mann in seiner Funktion sie tagtäglich zu erwarten hat, waren es si-

cher, die Solal daran hinderten, Adriens liebenswürdiger Einladung nachzukommen …

Eine von vielen Demütigungen. Man mag über Adriens Aufgeblasenheit, seine Selbstüberschätzung, sein Kriechertum und seine Mittelmäßigkeit spotten, gewiss, doch wer würde im Innersten nicht auch Mitleid für diesen armen Kerl empfinden? Von der glutvollen Beziehung zwischen Ariane und Solal ahnt er natürlich nichts, und als Letzterer ihn, um freie Bahn zu haben, auf eine mehrwöchige, vermeintlich hochwichtige Dienstreise schickt, glaubt er eine veritable Auszeichnung erhalten zu haben. Erst durch das Debakel seiner Rückkehr nach Genf, als Ariane nicht ihn, sondern Solal erwartet, spürt er, wie ihm der Boden unter den Füßen weggezogen wird … armer kleiner Adrien!

Schön übrigens auch, wie elegant sein Nachname auszusprechen ist. Mit dem lang gezogenen »Ööhhm«-Laut nach ganz weichem »D« ist bereits viel über Adriens Wesen gesagt.

Belle du Seigneur erschien 1968 auf Französisch. 1983 folgte bei Klett-Cotta Helmut Kossodos Übersetzung *Die Schöne des Herrn*, die 2012 von Michael von Killisch-Horn grundlegend überarbeitet wurde.

Dshamilja

Manche Bücher drohen vom Lob, das sie erfahren, erstickt zu werden. Als Tschingis Aitmatows Erzählung *Dshamilja* kurz nach Erscheinen des Originals auf Französisch veröffentlicht wurde, steuerte sein Kollege Louis Aragon ein Vorwort bei, das eine Steilvorlage für alle künftigen Werbeankündigungen des schmalen Textes liefern sollte. Aragon nennt ihn kurz und bündig die »schönste Liebesgeschichte der Welt«, und da es in der Literatur bekanntlich vor Liebesgeschichten nur so wimmelt, trägt die Aitmatows seitdem eine nicht geringe Bürde auf ihren Schultern.

Aitmatow (1928–2008) legte *Dshamilja* 1958 als seine Abschlussarbeit am Moskauer Maxim-Gorki-Literaturinstitut vor. Die Novelle spielt im dritten Sommer des Zweiten Weltkriegs, in dem kleinen Dorf Aul in Kirgistan, der Heimat Aitmatows. Da die Männer an der Front gegen die Deutschen kämpfen, haben die Frauen dort zwangsläufig das Regiment übernommen. Darunter die unerschrockene Dshamilja, eine junge, schlanke und groß gewachsene Frau:

Sie hatte glattes, starkes Haar, das in zwei straffe schwere Zöpfe geflochten war. Ihr weißes Kopftuch trug sie immer ein wenig schräg in die Stirn gezogen,

und das stand ihr gut zu der bräunlichen Haut ihres
hübschen Gesichts. Wenn sie lachte, blitzten ihre tief-
schwarzen, mandelförmigen Augen in jugendlichem
Übermut, und wenn sie eines der frechen kleinen Lie-
der anstimmte, die man bei uns im Aul singt, schim-
merte ein ganz unmädchenhafter Glanz in ihrem
Blick.

Dshamilja ist verheiratet mit Sadyk. Gerade mal vier Monate haben sie zusammengelebt, bevor Sadyk eingezogen
wurde. Wann er in sein Heimatdorf zurückkehren darf,
bleibt lange ungewiss. Große Liebe scheint zwischen den
Eheleuten nie geherrscht zu haben. In den Briefen, die
er seiner Familie schreibt, ist Dshamilja die Letzte, die
er mit einem – lieblosen – Gruß bedenkt. Sie erwartet
die Rückkehr ihres Gatten nicht gerade sehnsüchtig; sie
muss in der daniederliegenden Landwirtschaft anpacken,
geht keiner Arbeit aus dem Weg und wehrt die Avancen
der wenigen verbliebenen Männer entschieden ab.

Erzählt wird Dshamiljas Geschichte von Said, dem
fünfzehnjährigen Bruder Sadyks, der sich seiner Schwä-
gerin, der Dshene, wie man die Frau des älteren Bruders
nennt, als Beschützer andient und sie grenzenlos verehrt.
Die Konstellationen verändern sich, als einer der Dörfler – Danijar – von der Front zurückkehrt. Der scheue
Mann zieht das Bein nach und wird von den anderen mit
Hohn und Spott bedacht, ja gequält. Auch Dshamilja, die
ihn bei den täglichen Getreidefuhren kennenlernt, bringt
ihm anfangs keine Sympathie entgegen. Erst als er bezir-
zend schön zu singen beginnt, erkennt sie sein wahres

Wesen, und binnen kurzer Zeit verlieben sich die beiden ineinander.

Von dieser verbotenen Verbindung weiß nur Said, dessen Gefühle Wellentäler durchlaufen. Denn natürlich ist auch er heil- und hoffnungslos in die beherzte Dshamilja verliebt, doch seine Zuneigung zu dem Neuankömmling Danijar lässt seine Eifersucht verstummen, und er gibt der Verbindung, ohne Rücksicht auf seinen Bruder, seinen Segen und erkennt durch Danijars Gesang in gewisser Weise seine eigene künstlerische Begabung als Maler. Eine Zeichnung, die er von dem Paar anfertigt, bringt gegen Ende ans Licht, dass er als Einziger von der Liebe wusste.

Diese auszuleben ist in dem von strengen moralischen und religiösen Vorstellungen geprägten Dorf unmöglich, und als Sadyk seine Rückkehr von der Front ankündigt, machen sich Dshamilja und Danijar auf und davon. Im glühend heißen Steppenwind duldet Dshamilja keinen Zweifel an ihrem Entschluss:

Ich gebe dich nicht her, Liebster, niemandem gebe ich dich! Ich liebe dich schon so lange. Noch bevor ich dich kannte, habe ich dich geliebt und auf dich gewartet, und du bist gekommen, als hättest du gewusst, dass ich auf dich warte.

Auch für Said ist damit die Zeit im Dorf zu Ende, er will seine künstlerische Berufung anderswo ausleben.

Dshamilja, einst Schullektüre in der DDR, ist eine mal lakonische, mal leicht ins Kitschige abdriftende Erzählung, die von der unbedingten Macht unbedingter Liebe kündet. Und die Kirgisin Dshamilja ist eine starke Frau, die weiß, was sie will. Kein Wunder, dass sie 2009 zum Briefmarkenmotiv wurde.

Dshamilja erschien im Original Жамийла 1958 und zwei Jahre später – als *Djamila* – beim Ost-Berliner Verlag Kunst und Fortschritt in der Übersetzung von Hartmut Herboth. Diese wurde mehrfach neu aufgelegt und konkurriert mit der von Gisela Drohla, die 1962 (nun unter dem Titel *Dshamilja*) erstmals bei Insel herauskam.

Duck, Dagobert

Nein, ich gehöre nicht zu den Spezialisten der Walt-Disney-Welt, kenne nicht alle Episoden von Micky Maus, Donald & Co. auswendig, kann weder den Stadtplan von Entenhausen aus dem Kopf zeichnen noch Daniel Düsentriebs Vita nacherzählen, und ich bin auch kein Mitglied der ehrwürdigen »Deutschen Organisation nichtkommerzieller Anhänger des lauteren Donaldismus e. V.«, kurz: D. O. N. A. L. D. genannt.

Nein, ich gehöre zu denjenigen, die die damals relativ neue Welt der Comics als Kinder begeistert aufsogen. Und zum Glück zählten meine Eltern nicht zu denjenigen, die diese Kunstform als Garant für die Verblödung ihres Nachwuchses und den Untergang des Abendlandes hielten. Sie ließen mich gewähren, wenn ich mir Micky-Maus-Hefte und die *Lustigen Taschenbücher* kaufte oder mich – man irrt als Kind ja mitunter – für *Fix und Foxi* aus der Feder des ideologisch gestrigen Rolf Kauka interessierte.

Wer Comics konsumiert, hat Figuren, die einem lieber sind als andere. Gerne mochte ich den Glückspilz Gustav Gans, der an jeder Straßenecke ein Goldstück findet, oder Oma Duck, die außerhalb Entenhausens einen Bauernhof bewirtschaftet und mindestens so gut frisiert war wie Anneliese Rothenberger oder meine Mutter.

Auch ihr Knecht, Frans Gans, hatte es mir angetan, ein liebenswerter Zeitgenosse, dessen Neigung zu üppiger Nahrung mit einer Abneigung jeder aufreibenden Arbeit korrespondiert.

Keiner von diesen freilich kam und kommt an Dagobert Duck heran, den legendären Milliardär, dessen Geldspeicher als Wahrzeichen Entenhausens gilt. Scrooge McDuck heißt er im Original, ein Name, der Charles Dickens' *Weihnachtsgeschichte* entlehnt ist, wo uns der Geldverleiher Ebenezer Scrooge zu Anfang als missmutiger Geizhals begegnet. Die gebildete Erika Fuchs, die zu Recht viel gerühmte deutsche Übersetzerin der Entenhäuser Abenteuer, sah sich im Geschlecht der Merowinger um und versah den reichen Onkel mit dem Vornamen Dagobert.

Auf die Welt kam dieser 1947, in der Weihnachtsgeschichte *Die Mutprobe*. Sein Erfinder Carl Barks (1901–2000) erkannte rasch, dass sich aus dem kauzigen Sonderling mehr machen ließ, und so entwickelte sich Dagobert von einer Neben- zur Hauptfigur, deren Lebensgeschichte Barks zunehmend mit Details anfüllte. Was er in seiner Jugend erlebte, wie er zu seinem unfasslichen Vermögen kam – durch harte Arbeit natürlich! –, was es mit jener Nelly, die so »schön wie eine Moosrose« war, auf sich hatte, das hat die Forschung vielfach beschäftigt. Ich empfehle dazu den über zwanzig Seiten langen Eintrag zu Dagobert Duck in Henner Löfflers *Wie Enten hausen. Die Ducks von A bis Z* (2004).

Der Originalname McDuck deutet es an: Da sind schottische Vorfahren im Spiel, und wo schottische Vorfahren im Spiel sind, ist der Geiz nicht weit. Und von den echten Schotten ist es wiederum nur ein kleiner Schritt zu Deutschlands Schotten, den Schwaben, denen ich mich sehr verbunden fühle. Das mag einer der Gründe gewesen sein, warum mir der sparsame Grantler Dagobert Duck von Anfang an sausympathisch war.

Den zum schwäbischen Volkslied avancierten, ursprünglich vom Düsseldorfer Ralf Bendix gesungenen Schlager *Schaffe, schaffe, Häusle baue* hätte Dagobert sicher mitgesungen, wenngleich die Dimensionen eines Eigenheims in Waiblingen oder Fellbach natürlich unter seinem Niveau lägen. Denn sein Imperium ist so unermesslich, dass er schon einmal (in *Wiedersehen mit Klondyke*) vergisst, Besitzer der Alaska-Airlines zu sein, und deshalb, um Ticketkosten zu sparen, keinen einwöchigen Fußmarsch zu seinem Ziel hätte unternehmen müssen.

Ja, Dagobert ist der geizige Pfennigfuchser, der weiß, dass Reichtum weniger durch das Anhäufen von Geld als durch das Nicht-Ausgeben von Geld entsteht. Warum eine Zeitung kaufen, wenn man eine auf der Parkbank einsammeln kann? Warum Donald und dessen Neffen mit Geschenken vom Ernst des Lebens ablenken? Von nichts kommt nichts, und trotzdem oder gerade deshalb kennt Dagobert auch die Urängste eines Kapitalisten nur zu genau. Alle, nicht nur die Panzerknacker, haben es auf seinen Besitz abgesehen, und so gilt es, ständig zu überprüfen, ob das Portemonnaie noch am rechten Platz steckt und die Geldspeicherzugänge ausreichend gesichert sind.

Carl Barks trug der zunehmenden Popularität Dagoberts nicht nur dadurch Rechnung, dass er ihn mit einer ordentlichen Biographie versah, sondern auch, indem er seinen Charakter etwas veredelte. Aus dem griesgrämigen, alten »Entaklemmer« (die schwäbische Variante des Geizigen) wurde ein immer wieder mal zur Freundlichkeit neigender Onkel … raue Schale, weicher Kern, Sie wissen schon.

Um seine Sorgen zu vergessen – und reiche Männer haben viele Sorgen –, benötigt Dagobert Duck, der backenbärtige Zylinderträger, keine Ayurvedakuren oder Therapiesitzungen. Wahre Erquickung findet der im Geld Schwimmende, wenn er im Geld schwimmt. Wenn er sich in seinem fensterlosen Speicher in seinen Schätzen tummelt, wenn er ein Bad nimmt, ungeachtet etwaiger Verletzungen, die ihm die harten Geldstücke zufügen könnten. Dann ist Dagobert in seinem Element:

Es ist mir ein Hochgenuss, wie ein Seehund hineinzuspringen! Und wie ein Maulwurf darin herumzuwühlen! Und es in die Luft zu werfen, dass es mir auf die Glatze prasselt!

Wie herrlich konkret, diese sinnliche Erfahrung, ein reicher Mann zu sein! Keine anonymen, obskuren Konten auf fernen Inseln, keine zweifelhaften Bitcoinbesitztümer! Nichts da, echtes hartes Geld, das den Körper umschließt. Das hat mir als Kind imponiert, und wer wie ich bis heute überhöhte Europreise – Butter zum Beispiel! – in Mark umrechnet, um wahres Entsetzen zu spüren, der fühlt sich Dagobert Duck jedes Mal sehr nah.

Erstmals taucht Dagobert Duck alias Scrooge McDuck 1947 in Carl Barks' *Die Mutprobe* (im Original: *Christmas on Bear Mountain*) auf. Sämtliche Barks-Comics mit Dagobert Duck erschienen zwischen 1992 und 2003 in der 51-bändigen Reihe *Barks Library – Walt Disney Comics* und der 38-bändigen *Reihe Barks Library Special: Onkel Dagobert* bei Egmont/Ehapa.

Fairchild, Jane

Manche Romane brauchen nicht mehr als ein paar Dutzend Seiten, um ein emotionales Feld abzuschreiten, das an Intensität kaum zu überbieten ist. Dem 1949 geborenen Engländer Graham Swift ist ein solches Zauberkunststück gelungen, in seinem novellengleichen Roman *Ein Festtag*. Jane Fairchild heißt dessen Protagonistin, eine angesehene Schriftstellerin in den Neunzigern, die auf ihr Leben, genauer: auf einen Sonntag im März 1924, zurückblickt. Damals stand ihre Zukunft in den Sternen, und niemand – sie selbst eingeschlossen – hätte der Zweiundzwanzigjährigen eine literarische Karriere vorhergesagt. Als Findelkind wuchs sie auf, ohne ihr genaues Geburtsdatum zu kennen. Man gab ihr einen Allerweltsnamen, und mit Glück fand die wissbegierige Jane während des Ersten Weltkrieges eine Anstellung als Dienstmädchen im Hause der Nivens.

Mit großem Raffinement errichtet Graham Swift eine Romankonstruktion, die sich nicht in wehmütigen Rückblenden erschöpft. Die arrivierte Autorin, die es gewohnt ist, in Interviews Auskunft über ihr Leben zu geben, erzählt in anfangs fast impressionistischen Tönen von einer zuvor nie offenbarten Zäsur ihres Lebens. Von einem warmen Tag des Jahres 1924 in Berkshire, dem »Mothering Sunday«, der damals den vierten Sonntag während der Fastenzeit bezeichnete und Bediensteten die Freiheit gab, zu ihren Familien zu fahren.

Das Waisenkind Jane verbringt diesen Tag jedoch auf ganz besondere Weise. Seit sieben Jahren unterhält sie ein feuriges Verhältnis zu Paul Sheringham, einem Gutsbesitzersohn aus der Nachbarschaft. In aller Verschwiegenheit trifft man sich im Wald oder in Ställen; anfangs bezahlt Paul für die Liebeszusammenkünfte, bis beide übereinkommen, dass »sich durch das beiderseitige Interesse an dem Akt jede Geldtransaktion erübrigte«.

Nun freilich, an jenem unvergesslichen Sonntag, ergibt sich erstmals die Gelegenheit, sich im Haus der Sheringhams, in Pauls Zimmer, zu lieben, und Jane schwingt sich sofort aufs Dienstbotenfahrrad. Beide praktizieren das, was sie am stärksten verbindet: Sex, und selbstverständlich weiß die lebenskluge Frau, wie man unangenehmen Folgen mit einem Pessar vorbeugt. Dass Paul demnächst standesgemäß heiraten wird, trübt ihren erotischen Rausch in keinster Weise. Und selbst als sich der Geliebte nach ein paar Zigarettenzügen rasch aufmachen muss, um eine Verabredung mit seiner künftigen Frau einzuhalten, schmälert das Janes Sonntagsglück nicht.

Wie von Paul angeraten, nutzt sie die Zeit nach seinem jähen Aufbruch und streift durch die Zimmer des Anwesens. Sie mustert einen verräterischen Fleck auf den Laken, stellt sich vor, welche Phantasien er beim Dienstpersonal der Sheringhams auslösen wird, isst ein Stück von der Hasenpastete, die in der Küche bereitsteht, und radelt in aller Ruhe zurück zum Gutshaus ihres Dienstherrn.

Was sie dort erfährt, verändert Janes Seelenleben für immer und ewig: Paul ist nie bei seiner Verlobten angekommen; er ist auf dem Weg bei einem Unfall mit seinem Wagen gestorben. Graham Swift macht aus diesem schockierenden Ereignis keine sentimentale Geschichte, lässt seine selbstbewusste Heldin nicht über den Verlust einer Amour fou klagen. Nein, er verdeutlicht en passant, welche Bedeutung dieser Sonntag zeitlebens für Jane behalten wird: »Hatte es je einen Tag wie diesen gegeben? Konnte es jemals wieder einen Tag wie diesen geben?«

Erst kurz vor ihrem Tod wird Jane von ihrem »Festtag« berichten, wissend, dass »viele Dinge im Leben, oh, viel mehr, als wir uns vorstellen, nie erklärt werden können«. Der so lange zurückliegende »Mothering Sunday« – darüber ist sie sich völlig im Klaren – steht am Anfang ihres Schreibens, löst dieses gewissermaßen aus. Sie, die sich stets aus der Bibliothek der Nivens mit Lektüre – etwa mit Joseph Conrads *Jugend* – eindeckte, arbeitet zäh an ihrem sozialen Aufstieg. Kurz nach Pauls Tod wird sie Angestellte einer Buchhandlung in Oxford, wo sie auch ihren Ehemann, den Philosophen Donald Campion, kennenlernt. Dass sie ihn auserwählt, weil er sie an Paul und an den März 1924 erinnert, verrät sie niemandem. Jane weiß, dass sich ihr Leben aus vielen Geschichten, aus »ganz anderen« und aus nie beredeten Geschichten zusammenfügt. Eine davon, die von Paul und ihr, damals, als die Zeit stillstand, bildet den Kern ihrer Existenz.

Graham Swift erzählt von alldem mit einer unangestrengten, ganz selbstverständlich wirkenden Brillanz. Ohne stilistisch aufzutrumpfen, verwebt er Janes

Geschichte mit den sozialen Umbrüchen Englands in den zwanziger Jahren. Und so ist *Ein Festtag* auch ein Gesellschaftsroman im Kleinen. Vor allem aber erzählt er von einer Liebe, die auch mit dem Tod, nach einem plötzlichen Unfalltod, nicht endet.

2021 wurde Swifts Roman von Eva Husson, der Vorlage eng folgend, eindrucksvoll verfilmt, mit Odessa Young als junge und Glenda Jackson als ältere Jane Fairchild.

Das Original *Mothering Sunday* erschien 2016, Susanne Höbels deutsche Übersetzung *Ein Festtag* ein Jahr später bei dtv.

Goethe, Johann Wolfgang von

An Biographien über Goethe herrscht gewiss kein Mangel. Alle paar Jahre schickt sich jemand – zuletzt Thomas Steinfeld mit *Goethe. Porträt eines Lebens, Bild einer Zeit* – an, das Leben des Weimarer Großmeisters neu zu erzählen. Auch Goethes nachgeborene Kolleginnen und Kollegen ließen und lassen es sich nicht nehmen, sich ihm nicht nur essayistisch zu nähern, sondern ihn auch zur literarischen Figur zu machen. Allein in jüngerer Zeit versuchten sich so unterschiedliche Geister wie Arno Schmidt, Thomas Bernhard, Martin Walser oder Hanns-Josef Ortheil daran.

Meine liebste Goethe-Reanimierung stammt jedoch vom Schweizer Schriftsteller Charles Lewinsky, geboren 1946, der für seinen Roman *Rauch und Schall* von der Goethe-Forschung sträflicherweise übersehene Ereignisse, über deren Wahrheitsgehalt wir nicht urteilen wollen, aufgespürt hat.

Der Roman spielt um 1800. Goethe kehrt von seiner dritten Schweizerreise nach Weimar zurück. Misslichkeiten plagen ihn: Er leidet unter Hämorrhoiden, die er mäßig erfolgreich mit Ringelblumensalbe behandelt, und unter einer sich anbahnenden Schaffenskrise. Was er seinem Sekretär bei der Kutschfahrt durch die Schweiz an Gedankenblitzen diktiert, ist dürftig, und als er, kaum zu

Hause, angemahnt wird, ein (glücklich verdrängtes) Festgedicht zum Geburtstag der Herzogin vorzulegen, muss er sich wohl oder übel eingestehen, dass ihm partout kein einziger brauchbarer Vers gelingen will. Er hat, da hilft kein Drumherumreden, eine veritable Schreibblockade – ein schockierendes Ereignis.

Goethes Ruhm erlaubt es nicht, die Misere offen zuzugeben. Herder oder Schiller darf er damit nicht kommen. Lediglich seiner Lebensgefährtin (und späteren Gemahlin) Christiane Vulpius offenbart er sich schließlich. Denn es ist Not am Mann, die Geburtstagsverse dulden keinen Aufschub. Rettung naht – obwohl Goethe diese anfangs scharf zurückweist – aus dem unmittelbaren privaten Umfeld: Christianes Bruder Christian August Vulpius, ein »zu wahrer Kunst nicht berufener Vielschreiber«, der seine dürftige Bezahlung als Bibliotheksregistrator mit dem unablässigen Verfassen von Trivialromanen aufbessert, bietet sich als Aushilfe an. Und so präsentiert er alsbald *Stanzen* (die man bislang für ein Werk Goethes hielt), die sein zukünftiger Schwager mit größter Überwindung akzeptiert und als eigenes Poem ausgibt. Der Erfolg ist pikanterweise groß; der Herzog selbst hält sich mit Lob nicht zurück: »Solche Verse schreibt sonst niemand.«

Charles Lewinskys urkomischer, leichtfüßiger Roman demontiert Goethe nicht, sondern zeigt ihn als Autor, dem auch nicht alle Tage Verse für die Ewigkeit glücken. Wir erleben ihn als verzweifelten Mann, der sich nicht als Verzweifelter zeigen darf. Pegasus lässt sich nicht mehr befehligen, und auch die Weimarer Amtsgeschäfte und Intrigen machen ihm zu schaffen. Selbst dem leidenschaftlichen, das Bettgestell belastenden Sex mit der – von der Etepetetegesellschaft ignorierten – Gefährtin stellen sich Hindernisse in den Weg: Als man eines Nachmittags zu erotischen Zwecken alle potenziellen Störenfriede aus dem Haus verbannt hat, klopft Registrator Vulpius unversehens an die Tür – das Schäferstündchen muss ausfallen.

So geringschätzig Goethe den für schnödes Geld schreibenden Vulpius behandelt, so sehr ist er auf ihn angewiesen. Die Not, die das Geburtstagsgedicht hervorrief, bleibt bestehen. Selbst das Schiller'sche Allheilmittel – faulige Äpfel in der Schreibtischschublade – sorgt für Übelkeit statt für Abhilfe. Als sich der Herzog der jungen Schauspielerin Karoline Jagemann annähern will, bestellt er bei seinem Haus-und-Hof-Dichter Liebesverse, die Eindruck machen sollen. Diesem fällt freilich wieder nichts ein, doch zum Glück gibt es Vulpius, der auf eigene längst vergessene Werke, auf seine *Redoutenlieder*, zurückgreift. Goethe ist wieder einmal aus der Patsche geholfen, und der liebeshungrige Herzog zeigt sich hochzufrieden.

Auf Dauer ist Goethe damit nicht gedient. Und erneut weiß Vulpius Rat. In abendlichen Gesprächen präsentiert er Goethe eine »Therapie« für Schreibblockaden aller Art: »Ihr Problem könnte etwas damit zu tun haben, dass Sie bei allem, was Sie schreiben, den Anspruch haben, etwas Bedeutendes zu schreiben.« Von dieser Ambition, so Vulpius, müsse sich Goethe lösen und befreit, ohne an sein Renommee zu denken, am Stehpult zu Werke gehen, irgendetwas zu Papier bringen. Vulpius regt den

Blockierten dazu an, eine »Räuberpistole mit viel Abenteuer und Liebe« zu schreiben und an die literarische Qualität keinen überflüssigen Gedanken zu verschwenden.

Und siehe da, der Ratschlag fruchtet. Goethe gerät in einen Schreibflow und reiht haarsträubende, in Italien spielende Episoden aneinander – bis am Ende ein opulentes Manuskript mit dem Titel *Rinaldo Rinaldini* auf dem Tisch liegt. Warum dieses dann 1801 unter Vulpius' und nicht unter Goethes Namen auf den Markt kommt (und wie einst der *Werther* sensationelle Erfolge feiert), welche Auswirkungen das auf die Weimarer Gesellschaft hat und ob Goethe seine Hämorrhoiden loswurde, das sei hier nicht verraten.

Charles Lewinskys *Rauch und Schall* erschien 2023 im Diogenes Verlag.

Grill, Doralice

Eine mutige Frau ist sie, diese Doralice. Kurzerhand hat sie ihren Mann, den dreißig Jahre älteren Grafen Köhne-Jasky, verlassen und ist dem Kunstmaler Hans Grill gefolgt, um einem normierten Leben in bester Gesellschaft Adieu zu sagen. Kaum ist sie vom Grafen geschieden, heiratet sie den aufbrausenden, Konventionen verachtenden, von Freiheit schwadronierenden Grill und verbringt mit ihm Tage in einem Ostseeort, einem »weltabgeschiedenen Winkel«.

Ihre Vergangenheit bleibt kein Geheimnis und erregt das Missfallen ihrer Feriennachbarn, der Generalin von Palikow zum Beispiel, die den Sommer gemeinsam mit ihrer Familie am Meer verbringt, das Haus Bullenkrug angemietet hat. Nach und nach finden sich dort ihre Angehörigen ein: die Tochter Bella von Buttlär mit Mann, deren Kinder Lolo, Nini und Wedig sowie Lolos Bräutigam Leutnant Hilmar von dem Hamm.

Rasch wird die in der Nachbarschaft wohnende Gräfin Doralice zum Faszinosum, sehr zum Ärger der Generalin, die die Störenfriedin ignorieren will und das Problem auf ihre Weise angeht:

Man hat sich gekannt, man kennt sich nicht mehr. Der Strand ist breit genug, um aneinander vorüberzugehen, eine fremde Frau Grill, nichts weiter. (…) Sie wird das Meer nicht unrein machen, wenn sie darin badet.

Doralice, einer fragil-fatalen Schönheit, gelingt es trotz der ihr nun zugewiesenen gesellschaftlichen Randstellung, die Aufmerksamkeit der Familie Palikow-Buttlär auf sich zu ziehen. Während die traditionsverankerte Generalin noch von der Unangreifbarkeit ihres Standes überzeugt ist – »wir beide sind zwei Festungen, zu denen Leute, die nicht zu uns gehören, keinen Zutritt haben« –, spürt ihre kränkliche Tochter bereits, auf welch schwachen Beinen das Leben der Familie steht.

Doralice selbst hängt auch nach der befreienden Trennung von ihrem ersten Mann Erinnerungen, Träumen und Sehnsüchten nach, denen Hans Grill nicht entsprechen kann. Dessen versteckter Wunsch nach bürgerlicher Etablierung kontrastiert mit Doralices Unstetigkeit.

Der Balte Eduard von Keyserling (1855–1918) fängt exquisit melancholisch gefärbte Stimmungen ein, und seine Prosa spiegelt das schwebende, gleichsam impressionistische Lebensgefühl des Fin de Siècle perfekt. In zügiger Folge schrieb beziehungsweise diktierte er im letzten (Münchner) Jahrzehnt seines Lebens mehrere schmale Romane und Erzählungen, deren Titel – *Am Südhang, Schwüle Tage, Abendliche Häuser* oder *Im stillen Winkel* – bereits signalisieren, welch brüchige Welt hier eingefangen wird. Auch *Wellen*, das, ohne dass Keyserling sich um eine allzu genaue zeitliche Verortung scheren würde, zu Beginn des 20. Jahrhunderts spielt, spiegelt eine sich am Vorabend des Ersten Weltkriegs allmählich auflösende Gesellschaft.

Binnen weniger Wochen überstürzen sich dann die Ereignisse an der Ostsee: Ein Fest, das der als Mittler zwischen den Sommerfrischlern fungierende Geheimrat Knospelius, ein »Kleiner mit Buckel«, ausrichtet, bringt die fest gefügten Konstellationen durcheinander. Leutnant Hilmar beginnt, sich Doralice anzunähern, die Gefühle seiner Verlobten Lolo dabei missachtend. Als diese von Hilmars Absichten erfährt, versucht sie, sich das Leben zu nehmen – eine Tat, die zum einen dem Sommerurlaub ihrer Familie ein jähes Ende setzt und zum anderen das Verhältnis zwischen Hans und Doralice grundsätzlich belastet. Als Hans bei einer seiner nächtlichen Fahrten aufs Meer in ein Unwetter gerät und nicht mehr heimkehrt, bleibt Doralice im »Oktoberwind« verlassen zurück.

Doralice wollte ausbrechen, doch sie bringt Unglück über die Menschen in ihrer Umgebung und hat dennoch nichts Verdammenswertes an sich. Aber die Vergangenheit ist nicht so einfach abzustreifen, und die derbe Vitalität ihres Mannes, des unzufriedenen Malers, verliert an Reiz:

> »Köstlich«, wiederholte er, »das nenne ich eine Lebenslage, man sitzt so beieinander und die Lampe brennt, man hat seinen Rotwein und dazu sein wunderschönes Weib.« Doralice lehnte sich in ihren Korbstuhl zurück und schloss die Augen. »Ach«, sagte sie müde, »nenne mich, bitte, nicht Weib, das klingt so, ich weiß nicht, nach losen blauen Jacken mit weißen Punkten und Kartoffelsuppe.«

Doralice ist meine leidende Heldin, doch im Grunde ist es die See, sind es die Wellen, die Keyserling zu seinen Hauptakteuren macht. Schließlich heißt sein wundervoller Roman nicht *Effi Briest*, *Madame Bovary* oder *Beate und Mareile* (eine andere Geschichte Keyserlings aus dem Jahr 1903). Bezeichnend dafür ist der matte Akkord, der *Wellen* beschließt. Der geächteten Doralice bleibt am Ende nur ein Gefährte, der verwachsene Knospelius. Eine Filmszene rückt die beiden vor den Anblick der unbeirrbar brausenden Wellen:

> *So kam es denn, dass, als der Oktoberwind die gelben Birkenblätter von der Zibbelhöhe auf das Meer hinaustrieb und das blassere Gold der Oktobersonne über den Wellen lag, das wunderliche Paar noch immer Tag für Tag am Strande entlangging, die schöne, bleiche Frau mit den wehenden Trauerschleiern und der kleine, verbogene Herr im langen grauen Paletot, gefolgt von seinem Hühnerhund, der missmutig und gelangweilt auf das Meer hinausgähnte. Sie warteten alle drei darauf, dass das Meer sie freigäbe.*

Was für ein schönes Bild, eines, das altmodisch, ja oberflächlich betrachtet kitschig einherkommen mag und doch ein subtiles, verborgen komisches – der gähnende Hühnerhund – Szenario entwirft. *Wellen* erzählt nicht vom Glück, nicht von bunten Träumen, die in Erfüllung gehen. Da ist Schmerz, Verletzung, Betrug, Tod, Enttäuschung – und kein Grund, irgendjemanden dafür zu verdammen. Wie mächtig die Sehnsucht ist, die Menschen aus dem ihnen Vertrauten ziehen will, das wusste der in seinen letzten Jahren erblindete Keyserling so gut wie kaum ein anderer. Und die »schöne, bleiche Frau mit den wehenden Trauerschleiern«, das ist Doralice.

Wellen erschien erstmals 1911 im S. Fischer Verlag, Berlin.

Grimes, Emily

Richard Yates' *Easter Parade* ist der Roman über zwei in den 1920er-Jahren geborene Schwestern: Sarah und Emily Grimes. Über knapp fünf Jahrzehnte hinweg wird ihr Schicksal, das von Anfang an unter schlechten Vorzeichen steht, ausgebreitet. Die Eltern lassen sich früh scheiden, und die sich permanent überschätzende Mutter träumt von einem glanzvollen Leben mit »Flair«, das nie Realität wird. Während Sarah Kind um Kind gebärt, an der Seite eines jämmerlichen, gewalttätigen Mannes verkümmert und dem Alkohol verfällt, scheint sich Emily aus dem kleinbürgerlichen Sumpf befreien zu können.

Von ihrer Schwester als »Freigeist« bewundert, besucht sie das College und leidet insgeheim darunter, klüger als ihre Schwester zu sein. Sie arbeitet mit Erfolg als Bibliothekarin, Journalistin und Werbetexterin, ohne sich von Männern über Gebühr einengen zu lassen. Eine Ehe mit einem unter Potenzproblemen leidenden Philosophiedozenten scheitert. Sie lässt zwei Abtreibungen vornehmen und bändelt mit Männern aller Couleur an – mal ein aufstrebender Lyriker, mal ein bisexueller Matrose, mal ein versierter Anwalt. Mehr und mehr gerät ihr Leben aus den Fugen, und Emily weiß nicht mehr ein noch aus.

Ihr Neffe, ein gut situierter Pfarrer, spendet Trost, der wie blanker Hohn klingt: »›Die meisten Menschen geben ihr Bestes. Wenn etwas Schreckliches passiert, gibt es für gewöhnlich keinen Schuldigen.‹« Emily ist hilflos. »Ich verstehe«, dieser Satz, den sie in Gesprächen mit ihrer Schwester und ihrer Mutter gedankenlos verwendet, bündelt den Irrtum ihres Lebens: Nichts lässt sich verstehen, und nichts lässt sich aufhalten.

Es ist staunenswert, wie Yates (1926–1992) Gesellschaftskritik und Schicksalsergebenheit miteinander verknüpft, wie ihm wenige Striche und präzise Dialoge genügen, ein intensives Panorama zu entwerfen. Mit knappen Leitmotiven strukturiert er sein makelloses Werk und zieht alle Register seines Könnens, wenn er nuancierte Einzelbeobachtungen liefert wie diese:

An einem Abend beobachtete Emily ihre Mutter eine halbe Stunde lang, wie sie die Seiten einer Zeitschrift umblätterte. Pookie wischte langsam, gedankenverloren mit dem Daumen über ihre feuchte Unterlippe, und dann rieb sie mit dem Daumen über die rechte untere Ecke jeder Seite, um sie umzublättern; die Ecken der Seiten waren leicht gewellt und mit Lippenstift verschmiert. Und an diesem Abend hatte sie Karamell gegessen, was bedeutete, dass sich sowohl Spuren des Karamells als auch des Lippenstifts auf den Seiten befanden. Emily konnte ihr nicht zusehen, ohne mit den Zähnen zu knirschen. Zudem prickelte ihre Kopfhaut, und sie wand sich in ihrem Sessel. Sie stand auf.

Als wählerische Person weiß Emily, dass es »nicht sehr viele Menschen« gibt, »mit denen man gern den Sonntag verbringt«, und dass guter Sex nicht allein von den Herren der Schöpfung definiert wird.

Die wahre Grausamkeit ihrer Geschichte liegt darin, dass diese ambivalente Frau es am Ende ihrer Schwester gleichtut: Ihr letzter Liebhaber kehrt zu seiner Frau zurück; sie verliert ihren Job, trinkt zu viel, und der unaufhaltsame Verfall einer bald Fünfzigjährigen beginnt. Als sie sich im Spiegel betrachtet, sieht sie das »Gesicht einer Frau in mittleren Jahren in seiner schrecklichen und hoffnungslosen Bedürftigkeit«.

Easter Parade ist neben *Zeiten des Aufruhrs* Yates' zweites Meisterwerk. Auf sein großes Vorbild Flaubert anspielend – »Emily fucking Grimes is me« –, hat er viel von seiner psychischen Zerrissenheit auf diese Frau übertragen, die, als sie aus der Bahn gerät, nichts von dem versteht, was ihr widerfährt.

Ich liebe diese Figur, möchte ihr an den Wegbiegungen ihrer Biographie immer wieder zu Hilfe eilen, sie vor dem Kommenden warnen, vor den falschen Hoffnungen, die sie auf die falschen Männer setzt, und bewundere sie gleichzeitig: für ihre tapferen Anstrengungen, anders als ihre Mutter und ihre Schwester zu enden. »Keine der Grimes-Schwestern sollte im Leben glücklich werden«, lautet der erste Satz von *Easter Parade*, und selbst nach der vierten oder fünften Lektüre des Romans will ich partout nicht wahrhaben, dass er stimmt.

The Easter Parade erschien 1976 im Original und 2007, übersetzt von Anette Grube, in der Deutschen Verlags-Anstalt unter dem Titel *Easter Parade*.

Heidi

Manchmal werden wir abtrünnig und wenden uns von literarischen Gestalten, denen wir einst zugetan waren, ab. Weil wir zum Beispiel unsere alten Sympathien irgendwann nicht mehr nachvollziehen können. Oder weil Figuren zu Projektionen aller Art einladen, in vielfältigster Weise reproduziert und verkitscht werden, sodass wir sie in ihren neuen Gewändern kaum noch erkennen.

Wie es schwerfällt, den Eiffelturm ungeachtet seiner touristischen Vervielfältigungen aufrichtig zu mögen, so ergeht es einem mit der vermarkteten Heidi, mit dem Heidi, das in allen denkbaren Variationen verbreitet wurde und längst nicht mehr nur als Schweizer Nationalikone gilt, sondern das Bild eines ganzen Landes bis heute prägt. In Zeichentrickfilmen, TV-Serien, Musicals, Comics und rund einem Dutzend Kinofilmen ist das Bündner Waisenkind wieder und wieder verwertet worden. Vor allem die Filme aus den Jahren 1952 – mit der Winterthurerin Elsbeth Sigmund als Heidi und Heinrich Gretler als ihrem Großvater – und 1963 – mit Eva Maria Singhammer und Gustav Knuth in den entsprechenden Rollen – haben die Figur so zugespitzt, dass ihr Urbild aus Johanna Spyris Roman *Heidis Lehr- und Wanderjahre* (1880) dahinter zu verschwinden droht.

Man muss Heidi zuerst einmal von allerlei Zuckerguss befreien, um in ihr ein selbstbewusstes, ja anarchisches Kind zu entdecken, das sich von widrigen Umständen und unverständigen Erwachsenen nicht kleinkriegen lässt.

Zu Anfang lernen wir Heidi als Fünfjährige kennen, als sie das Dorf Maienfeld in Begleitung ihrer Tante Dede verlässt und auf einem Bergpfad zu ihrem Großvater, dem Alm-Öhi, aufsteigt. Nach dem Tod von Heidis Eltern hat sich Dede der Kleinen angenommen, doch nun, da sie sich ins ferne Deutschland, nach Frankfurt aufmacht, will sie Heidi, das »arme Tröpfli«, bei seinem Großvater, einem misanthropischen Einsiedler, unterbringen. Dieser genießt keinen guten Ruf. Er hat einst sein Geld verzecht und verspielt, in Italien und beim Militär Absonderliches erlebt und ist Gegenstand vieler unfreundlicher Legenden und Gerüchte. Mit den Leuten im »Dörfli« ist er komplett verkracht, und in der Einsamkeit seiner Alm freut er sich, wenn er keinem Fremden und keiner Bekannten über den Weg läuft.

Dort also, bei diesem abschreckenden Großvater und seinen Ziegen, soll das Heidi aufwachsen? Ein Ding der Unmöglichkeit, sagen die Einheimischen, doch – wir hätten es anders nicht lesen wollen – binnen kurzer Zeit gelingt es dem forsch-munteren Mädchen, das Herz des grantelnden Almbesitzers zu erobern. Es nimmt mit einfachen Speisen und einem Bett im Heu vorlieb, kann sich nicht sattsehen an den Glockenblumen und Cyrusröschen, genießt den weiten Bergblick und freundet sich schnell mit dem Geißenpeter und dessen halb blinder Großmutter an.

Diese schlichte, anrührende Geschichte erinnert an den fast gleichzeitig erschienenen, in ganz anderem Milieu spielenden und erfolgreich verfilmten Roman *Der kleine Lord* (1886) von Frances Hodgson Burnett. Hier wie dort wird das scheinbar kalte Herz eines abweisenden Großvaters nach und nach weichgeklopft, dank der erfrischenden Gutherzigkeit der Enkelkinder, die sich nicht um gesellschaftliche Gepflogenheiten scheren.

Ohne jedes Kalkül bringt es Heidi zuwege, dass der Öhi seine Menschenfeindlichkeit verliert und sogar mit wenigen Handgriffen die kaputten Fensterläden der Geißenpeter-Oma repariert. Heidi ist ein unverstelltes Mädchen, das nicht einsehen mag, warum die Dinge nach den harten Regeln der Erwachsenenwelt ablaufen sollen. »Es meint alles, wie es redet«, heißt es über das Heidi, und diese umwerfende Offenheit ermöglicht es ihm letzten Endes, eine schwere Zäsur in seinem Leben zu überstehen.

Denn Johanna Spyri (1827–1901) lässt das Quartett in seinem Almidyll nicht in Frieden. Tante Dede beschließt kurzerhand, Heidi seiner vertrauten Bergwelt zu entziehen und in die Großstadt Frankfurt zu verfrachten. Dort soll die inzwischen Achtjährige im Haushalt der reichen Sesemanns als Gesellschafterin der vier Jahre älteren, gehbehinderten Klara dienen. Nicht alles ist übel bei den Sesemanns, doch natürlich lässt Johanna Spyri das »Schweizerkind« auf eine unwirtliche Stadt stoßen, wo sich in die Ferne kein befreiender Ausblick auftut. Die griesgrämige Hausvorsteherin Fräulein Rottenmeier verzweifelt an Heidis urwüchsigem, sich um keine Etikette kümmerndem Verhalten.

Stadt versus Land, der schon Ende des 19. Jahrhunderts viel diskutierte Gegensatz wird von Johanna Spyri weidlich ausgeschlachtet, doch zum Glück nimmt alles – wir erinnern uns ganz genau – ein gutes Ende. Heidis sehnlichster Wunsch, die sie erstickende Großstadt zu verlassen und in die Graubündner Welt zurückzukehren, zum Öhi und zum Geißenpeter, wird erfüllt, und auch für die zahnlose Großmutter ist nun gesorgt. An weißen Brötchen, die zu essen ihr keine Probleme bereitet, soll es ihr künftig nie mehr mangeln.

Und nicht zuletzt darf Heidi wieder das Bergkind sein, das wir am Anfang des Buches kennenlernten:

Heidi war so glücklich und so reich in all der großen Herrlichkeit, dass es gar nicht Worte fand, dem lieben Gott genug zu danken. Erst als das Licht ringsum verglühte, konnte Heidi wieder von der Stelle weg; nun rannte es aber so den Berg hinan, dass es gar nicht lange dauerte, so erblickte es oben die Tannenwipfel über dem Dache und jetzt das Dach und die ganze Hütte, und auf der Bank an der Hütte saß der Großvater und rauchte sein Pfeifchen.

Ja, natürlich haben wir es mit einer romantisierenden, verklärenden Geschichte zu tun, aber auch mit einer, die von unverstellter, moralischer Aufrichtigkeit kündet. Das macht die Rebellin Heidi so sympathisch, und ein bisschen Verklärung schadet ja nicht.

Heidis Lehr- und Wanderjahre erschien 1880 im Gothaer Perthes Verlag. Seitdem kamen etliche, meist illustrierte Ausgaben auf den Markt. Die bei Diogenes 1978 (und 2024 neu) aufgelegte Fassung mit Zeichnungen von Tomi Ungerer ist vielleicht die schönste.

Helene, die fromme

Eine Lieblingsfigur aus dem Kosmos des Malers und Dichters Wilhelm Busch (1832–1908) auszuwählen, fällt mir nicht leicht. Gewiss, es läge auf der Hand, sich für die bösen, brathuhnversessenen Buben Max und Moritz zu entscheiden, die ein brutales, fein geschrotetes Ende nehmen. Auch der Unglücksrabe Hans Huckebein und die gedemütigte Witwe Bolte haben es mir angetan, nicht zuletzt, weil deren Ratschläge zum Kohlverzehr bis heute gültig sind (»… wofür sie besonders schwärmt, wenn er wieder aufgewärmt«). Und nicht zuletzt ist da der Hobbydichter Bählamm, der sich so gern von der Muse küssen ließe, doch allenthalben auf Hindernisse stößt, sobald er lyrische Ergüsse zu Papier bringen will.

Mein mitfühlendes Temperament hat sich schlussendlich für ein anderes, eines der bedauernswertesten Geschöpfe Wilhelm Buschs entschieden, für die fromme Helene. Deren Schicksal steht unter keinem glücklichen Stern. Bis zu ihrem tristen Ende verkehrt sich alles, was ihrem Wohle dienen soll, in sein Gegenteil. Um der »Lasterfreuden« der Großstadt zu entkommen, beschließt man, das Kind aufs moralisch noch einwandfreie Land zu verschicken, dorthin, »wo sanfte Schafe und die frommen Lämmer sind«, zu vorbildlichen Menschen, die Helenes Weg mit guten Ratschlägen pflastern: »Da ist Onkel, da ist Tante, / Da ist Tugend und Verstand, / Da sind deine Anverwandte! / So kam Lenchen auf das Land.«

Die guten Absichten fruchten nicht, und als Helene Nachthemden zunäht, Frösche in Tabaksdosen setzt und des Onkels Zeh mit einem Angelhaken durchbohrt, ist es mit dem Landaufenthalt vorbei. Es folgt ein kurzes eheliches Glück mit Herrn Schmöck, dessen Genusssucht einerseits schöne Champagnerverse hervorbringt (»Wie lieb und luftig perlt die Blase / Der Witwe Klicko in dem Glase«) und andererseits zu seinem frühzeitigen Tod durch Ersticken an Fischgräten führt. Helene hofft, ihr Schicksal gemeinsam mit dem – sieht man von seinem Hang zum Küchenpersonal ab – sehr fromm gewordenen Vetter Franz tragen zu können, doch dieser wird während eines Eifersuchtshändels von einer Magnumflasche erschlagen: »Und – Kracks! – es dringt der scharfe Schlag / Bis tief in das Gedankenfach.«

Vergeblich bemüht sich Helene, ihrem Leben eine Kehrtwende zu geben und sich als »schlanke Büßerin« von allen irdischen Verführungen abzuwenden. Ein Feind ist stärker als sie, der Alkohol: »Es ist ein Brauch von alters her: / Wer Sorgen hat, hat auch Likör!« – eine Sentenz, die bis in unsere Zeiten nichts von ihrer Bedeutung verloren hat. Im sechzehnten Kapitel zeigt Wilhelm Busch in großartigen Bildern, wie die verzweifelt im Gebetbuch Halt suchende Helene der Anziehungskraft der Flasche erliegt. Gierig leert sie diese, stößt die Petroleumlampe um und findet ein jähes, unschönes Ende: »Und hilflos und mit Angstgewimmer / Verkohlt dies fromme Frauenzimmer.«

Was lehrt uns diese gruselige Geschichte, deren Schlussbilder Helene im Kochtopf des Fegefeuers, Seit an Seit mit Vetter Franz, schmurgeln lassen? Natürlich, dass der Alkohol kein wahrhaftiger Trostspender ist und den Menschen ins Verderben stürzt. Und dass einer zur Schau getragenen Gottesfürchtigkeit nicht zu trauen ist. Von Anfang an ist offensichtlich, dass Helene dem Schlechten zuneigt und sich mit Bosheit und Falschheit bequem durchs Leben schlagen will.

Wo immer in dieser Vita des Leidens gewissenhafte Widerparts aufzutauchen scheinen, ist auf diese Säulen der Gesellschaft kein Verlass: Die Pilger, denen sich die anfangs kinderlose Helene anschließt, erweisen sich als rauf- und trinklustige Kumpanen, die mit dem Stadtgericht Bekanntschaft machen. Und wenn Helenes Onkel vom Lande im Epilog die Moral von der Geschicht' resümiert – »Das Gute – dieser Satz steht fest – / Ist stets das Böse, was man lässt! / Ei ja! – Da bin wirklich froh! / Denn, Gott sei Dank! Ich bin nicht so!!« –, dann verraten die scheinheiligen Gesichtszüge, die Zeichner Busch dem Onkel verleiht, dass mit dieser spießbürgerlichen Doppelmoral kein Staat zu machen ist. Und so bleibt es dabei: Letzten Endes ist *Die fromme Helene* kein moralbitterer Traktat, dessen Autor mit erhobenem Zeigefinger vor uns steht. Wir haben Mitleid, wenn auch nicht allzu viel, mit der sündigen Helene, werden unseren Umgang mit Drogen jedweder Art künftig genau bedenken und müssen über Gut und Böse ganz allein entscheiden.

Die Erstausgabe von Wilhelm Buschs *Die fromme Helene* erschien 1872 im Bassermann Verlag.

Hexe, die kleine

Keine Frage, diese einhundertsiebenundzwanzigjährige, mit ihrem sprachgewandten Raben Abraxas einsam im Wald lebende Frau hat es mir in meiner Kindheit besonders angetan. Ihr Erfinder Otfried Preußler (1923–2013), der auch mit seinen Büchern *Der kleine Wassermann* oder *Das kleine Gespenst* einen festen Platz in meinem Kinderzimmerregal einnahm, hat mit seiner kleinen Hexe eine Figur geschaffen, die viel zu meinen Auffassungen über Moral und Gerechtigkeit beigetragen hat. »Klein« ist auch diese – von Winnie Gebhardt gezeichnete – Figur, denn trotz ihres aus normalmenschlicher Perspektive hohen Alters ist sie in Hexenkreisen eine Jungspundin.

Eine Vorgeschichte hat sie nicht, sie scheint ihr wackliges Häuschen seit eh und je zu bewohnen, seit einhundertsiebenundzwanzig Jahren wohl. Über ihre Eltern, Hexen sicherlich, erfährt man nichts, und auch verwandtschaftliche Bande hat sie keine, anders als der »eingefleischte Junggeselle« Abraxas, der immerhin ein Mal im Jahr seinen Bruder Kräx und dessen Sippe besucht. Davon abgesehen hat die junge Hexe durchaus menschliche Eigenschaften. Von langen Märschen tun ihr die Füße weh; wenn es kalt ist, friert sie und vergisst, dass es ein Leichtes für sie wäre, mit dem Hexeneinmalsein für die nötige Wärme zu sorgen. Und wenn sie in Wut gerät, dann aber richtig.

Anlass zur Wut gibt es für sie genug, denn sie ist ein sensibles Wesen, das unter den Ungerechtigkeiten der Welt leidet und nach Abhilfe trachtet. Schon gleich zu Anfang der Geschichte muss sie sich empören, als sie verbotenerweise zur Walpurgisnacht auf den Blocksberg reitet, von der gehässigen Muhme Rumpumpel verpetzt wird, vors Strafgericht kommt und sich, so verkündet die Oberhexe, ein Jahr lang als »gute« Hexe erweisen muss.

Das daraus resultierende Missverständnis – »gut« bedeutet im Hexenkatechismus »böse« – führt zu einer Reihe von moralischen Heldentaten, bei denen die Hexe Erniedrigten und Gedemütigten hilft und Übeltäter zur Verantwortung zieht. Sie sorgt dafür, dass arme Waldweiblein, denen der Förster verbietet, abgebrochene Äste für den Winter einzusammeln, zu ihrem Recht kommen und dass ihr Peiniger gegen seinen Willen plötzlich die allerfreundlichsten Sätze formuliert. Oder dafür, dass der Brauereikutscher, der im Suff seine Pferde malträtiert, selbst zum Geprügelten wird und Besserung gelobt. Oder dafür, dass der Kegelbruder, der seine Frau vernachlässigt und die kärglichen Einkünfte vertrinkt, verzauberte Kugeln auf die Bahn wirft, die Kegelanlagen zu zertrümmern droht und überall Hausverbot erhält.

Sanftmütig geht meine Hexe dabei nicht vor. Sie sinnt ohnehin gern über Rachepläne nach und bestraft die zu Bestrafenden mit aller Härte. Wer andere quält, hat keine

Nachsicht verdient. Doch in der Hoffnung, im kommenden Jahr auf den Blocksberg zu dürfen, zeigt sich ihre weiche Seele, und auch als Abraxas sie auf dem Wochenmarkt auf ein schüchternes Mädchen hinweist, das mitten im Sommer schlichte Papierblumen unter die Leute bringen will. Ein Vorhaben, dem erst Erfolg beschieden ist, als die Hexe die Blumen mit einem anziehenden Duft belegt. Daraufhin werden diese sofort zum Verkaufsschlager auf dem Markt und füllen die Geldbörse des Mädchens, zumal sich dessen Blumen merkwürdigerweise ständig auf wundersame Weise vermehren.

Das alles hat eine moralisch stärkende Wirkung. So, genau so, denkt man als Kind, müsste die Welt beschaffen sein, und freut sich an der tatkräftigen, zwischen Gut und Böse zu scheiden wissenden Hexe. Bisweilen ertappe ich mich noch heute bei dem Wunsch, eine mit solchen Mächten ausgestattete Hexe an meiner Seite zu haben.

Wie die Geschichte ausgeht, wissen wir alle. Zur Überraschung der kleinen Hexe finden ihre Taten auf dem Blocksberg nicht die geringste Anerkennung, im Gegenteil, und so endet ihre zweite Walpurgisnacht mit einem grandiosen Rachefeldzug. Die Besen und Hexenbücher ihrer Widersacherinnen werden dem Feuer überlassen – einer der wenigen Fälle, in denen das Verbrennen von Büchern fast legitim erscheint. »Nun war sie die einzige Hexe auf Erden, die hexen konnte«, heißt es am Ende.

Heute wäre die verstrubbelt aussehende, im Revolutionsjahr 1830 geborene Heldin meiner Jugend übrigens stolze hundertfünfundneunzig Jahre alt – und wirkt munter wie eh und je, auch wenn die Welt heute kaum noch von Schützenkönigen, Faschingsindianern und Maronimännern bevölkert ist.

Otfrieds Preußlers *Die kleine Hexe* erschien 1957 im Thienemann Verlag.

Laarmans, Frans

Wer tagein, tagaus das Gleiche tut, sehnt sich irgendwann nach Abwechslung, nach neuen, aufregenden Tätigkeiten, die dem Leben Würze geben. So auch Frans Laarmans, ein in Antwerpen lebender Endvierziger, der seit vielen Jahren als Büroschreiber bei einer großen Schiffswerft arbeitet. Er hat freundliche Kollegen, Frau und Kinder zu Hause und könnte ein sorgenarmes, wenngleich auch überraschungsfreies Leben führen – würde da nicht irgendetwas an und in ihm nagen.

Kein Wunder also, dass diese latente Unzufriedenheit sich bei der ersten Gelegenheit Bahn bricht. Durch Zufall lernt Laarmans den reichen Anwalt van Schoonbeke kennen, der ihn zu seinen illustren Mittwochsgesellschaften einlädt. Inmitten der sich dort einfindenden angesehenen Kaufleute und Juristen fühlt sich Laarmans unsicher, zumal er zu den Gesprächen über die neuesten Automobile und besten Restaurants wenig beitragen kann. Trotzdem erhält er an einem der Abende eine Offerte, die ihn nachdenklich macht. Ob er nicht Lust habe, Vertreter für eine große niederländische Firma in Belgien zu werden, fragt man ihn. Viel Geld sei damit zu verdienen. Das erhöht Laarmans' Nachdenklichkeit, denn sein Gehalt als Schreiber ist nicht üppig.

Über Nacht hat er Blut geleckt; die leisen Zweifel seiner Gattin wischt er beiseite. Er signalisiert Interesse, wird umgehend zum Firmenhauptsitz nach Amsterdam eingeladen und unterschreibt einen Kontrakt als Generalvertreter, der ihn nicht nur zum Zuständigen für Belgien, sondern auch – man höre und staune – für das Großherzogtum Luxemburg macht.

Was er in Zukunft vertreten, also unter die Leute bringen soll, ist zwar nicht ganz nach seinem Geschmack, aber wer im Handel Erfolg haben will, darf nicht zu zimperlich sein. Käse soll er künftig vertreiben, ein Nahrungsmittel, das in ihm, wie er angesichts der Auslage eines darauf spezialisierten Geschäfts betont, Ekel auslöst:

Gruyères, riesig wie Mühlsteine, dienten als Fundament, und darauf lagen Chesters, Goudas, Edamer und zahlreiche Käsesorten, die mir vollkommen unbekannt waren, ein paar der größeren mit aufgerissenem Bauch und freiliegenden Eingeweiden. Die Roqueforts und Gorgonzolas prunkten liederlich mit ihrem grünen Schimmel, und eine Schwadron Camemberts ließ ihrem Eiter freien Lauf.

Keine Frage, viel lieber hätte Laarmans mit Blumenzwiebeln oder Glühlampen gehandelt, doch das Leben ist kein Wunschkonzert, und der Käsehandel scheint eine sichere Bank zu sein: »›Mit Käse‹, sagte mein Freund. ›Das geht immer, denn essen müssen die Leute ja doch.‹« Seine Arbeit in der Werft setzt er kurzerhand aus; er lässt sich krankschreiben, um seinem Job als Selbstständiger gerecht zu werden.

Ausgedacht hat sich diesen einfachen, in bessere Kreise aufstrebenden Helden der Niederländer Willem Elsschot (1882–1960), einer der großen Autoren seines Landes. Sein Frans Laarmans steht, nachdem sich die erste Begeisterung über seine neue Tätigkeit gelegt hat, vor keiner kleinen Aufgabe. Denn ein Generalvertreter braucht ein respektables Büro mit entsprechendem Mobiliar und Briefpapier, das Eindruck macht.

Viel Zeit bleibt ihm nicht, denn alsbald wird die erste Lieferung angekündigt: zwanzig Tonnen vollfetter Edamer. Die quälend greifbare Anwesenheit dieser Unmengen von Käse, die erst einmal zwischengelagert werden, zeigt Laarmans endgültig, was er sich aufgebürdet hat. Das Problem, das er lösen muss, ist rasch auf den Punkt gebracht: »Aber wie werde ich all diesen Käse los. Das ist die Frage.« Erschwerend kommt hinzu, dass der ehemalige Büroschreiber über keinerlei Erfahrung im Käseverkauf verfügt, ja, offen gesagt, über keinerlei Erfahrung im Verkauf von irgendetwas. Sein Versuch, Agenten anzuheuern, die seinen vollfetten Edamer flächendeckend anbieten, scheitert kläglich; wir schreiben das Jahr 1933, und aufgrund der Wirtschaftskrise sprechen äußerst zwielichtige Gestalten bei Laarmans vor. Obwohl sogar die eigenen Kinder als Verkäufer eingespannt werden, kommt es, wie sich früh erahnen lässt, zu einem desaströsen Finale. Nur herzlich wenige Laibe Edamer (verschenkte nicht eingerechnet) finden Abnehmer, und Laarmans' Träume vom gesellschaftlichen und finanziellen Aufstieg zerplatzen wie Seifenblasen.

Willem Elsschot macht sich – und das spricht sehr für

ihn – nie lustig über seinen verhinderten Käsehändler. Gewiss, er zeigt ihn in seiner Lächerlichkeit, was *Käse* zu einem sehr komischen Roman macht, doch an keiner Stelle denunziert Elsschot seine Figur. Gnädigerweise lässt er sie sogar, als die Edamertonnen entsorgt sind, zu neuen Ufern aufbrechen, nein: zu alten zurückkehren. Die Wunde in Laarmans' Leben soll heilen. Zu Hause wird »nie mehr über Käse gesprochen« und auch keiner serviert:

> *Was meine Frau betrifft, die sorgt dafür, dass kein Käse mehr auf den Tisch kommt. Erst nach Monaten hat sie mir einen Petit Suisse vorgesetzt, so einen weißen, platten Käse, der mit einem Edamer nicht mehr gemein hat als ein Schmetterling mit einer Schlange.*

Käse (im Original: *Kaas*) erschien erstmals 1933. Die erste deutsche Ausgabe in der Übersetzung von Agnes Kalmann-Matter kam 1952 auf den Markt. Revidiert von Gerd Busse wurde sie ab 2004 in mehreren Ausgaben, im Unionsverlag und im Aufbau Verlag, neu aufgelegt.

Laboine, Louise

Manche Figuren betreten die Romanbühne als Tote. Kommissar Maigret hat gerade ein mühsames Verhör beendet und freut sich darauf, den langen Tag mit einem Calvados oder Cognac ausklingen zu lassen, als er zu seinem nächsten Fall gerufen wird. Am Montmartre, auf der Place Vintimille (heute: Place Adolphe-Max) unweit der Metrostation Place Clichy, wurde eine junge Frau ermordet aufgefunden. Eine Handtasche oder Papiere hat sie nicht bei sich. Sie trägt nur einen Schuh, und ihr dünnes, schulterfreies Kleid, das seine besten Tage hinter sich hat, scheint einer kühlen Märznacht nicht angemessen.

Der ärztliche Befund ist eindeutig: »Ihr wurde mit einem sehr schweren Gegenstand auf den Kopf geschlagen, ein Hammer, ein Schraubenschlüssel, ein Bleirohr, was weiß ich? Davor hat sie mehrere Schläge ins Gesicht bekommen, Faustschläge wahrscheinlich.« Schnell erkennt Maigret, dass die Tote nur auf den ersten Blick wie eins der typischen Animiermädchen der Gegend aussieht. Offenkundig ist sie andernorts zu Tode gekommen. Um den Täter zu ermitteln, geht Maigret wie immer seine eigenen Wege. Wer war diese junge Frau? Wie hat sie gelebt? Wer weiß über ihr Schicksal Bescheid?

Maigret und die junge Tote, so heißt dieser Roman,

der fünfundvierzigste Fall in Georges Simenons Maigret-Reihe. Schritt für Schritt verfolgt der Kommissar die wenigen Spuren, die die Frau hinterlassen hat. Keiner scheint sie gekannt zu haben, und selbst als man ein Foto von ihr in der Zeitung veröffentlicht, bleiben jegliche Hinweise aus.

So setzt sich das Puzzle nur langsam zusammen, denn Maigret ist klar, dass er den Fall nicht lösen kann, ohne um das Leben der Toten, die aus Nizza stammte und Louise Laboine hieß, zu wissen, ohne sich in ihr Handeln einfühlen zu können:

Mit Louise Laboine war es wie mit Fotoplatten, die man in Entwicklerflüssigkeit taucht. Zwei Tage vorher existierte sie für sie nicht. Dann nahm sie blaue Konturen an, ein Profil auf dem nassen Pflaster der Place Vintimille, ein weißer Körper auf dem Marmortisch der Gerichtsmedizin. Nun hatte sie einen Namen, und ein noch schemenhaftes Bild begann sich abzuzeichnen.

Es ist ein trauriges Schicksal, von dem Simenon (1903–1989) da erzählt. Wie viele junge Frauen wollte Louise nicht in der Provinz versauern und suchte ihr Glück im so glamourös wirkenden Paris. Als Sechzehnjährige bricht sie in Richtung Metropole auf und trifft im Zug auf die etwas ältere Jeanine Armenieu. Doch während sich diese in Paris rasch zurechtfindet und sich einen reichen Mann angelt, bleiben Louises Sehnsüchte unerfüllt – sie ist eins jener »jungen Dinger«, die »sich unter den Millionen von Menschen verloren fühlen« und es bleiben. Sie wechselt mehrfach die Arbeitsstelle, leidet unter übergriffigen Vorgesetzten, wohnt in ärmlichen Pensionen oder zur Untermiete bei wohlhabenden älteren Damen, die glauben, in dem schüchternen Provinzmädchen eine billige Gesellschafterin gefunden zu haben.

Nein, es ist kein glückliches Leben, das Louise führt. Sie geht unter in der Anonymität der Stadt, als schattenloses Wesen, für das sich niemand interessiert. Als sie in Geldnöte gerät, macht sie sich zu Jeanines Hochzeit auf, um sie um Unterstützung zu bitten. Zu diesem Anlass hat sie sich, wie Maigret bald herausfindet, jenes abgetragene Abendkleid geliehen, in dem sie nächtens auf der Place Ventimille aufgefunden wird.

Jede Zeugenaussage, jedes Indiz komplettiert die Vorstellung, die Maigret sich von Louise macht, und nicht zuletzt hilft ihm auch seine Gattin, die legendäre Madame Maigret, dabei, sich in der Psyche der Frau zurechtzufinden. Obwohl er sie nur als geschundene Tote gesehen und nie ein Wort mit ihr gewechselt hat, hat Maigret am Ende ein genaues Bild von ihr, eine genaue Vorstellung, die es ihm erlaubt, eine Falschaussage zu erkennen, da deren Inhalt nicht zu Louise passen würde. Erst auf dieser Basis kann Maigret den Fall auf spektakuläre Weise lösen.

So kommt einem diese unglückselige Louise Laboine nah. Kein Mensch in Paris hat sich um sie geschert. Auf die einen wirkte ihre Verschlossenheit wie Arroganz, auf die anderen, wie das Dienstmädchen Rose, wie Unnahbarkeit: »Sie hat nie mit mir gesprochen, aber sie hat mich jedes Mal angelächelt. Ich hab mir immer gedacht, dass

sie traurig ist. Sie sah aus wie eine Filmschauspielerin.«
Der Einzige, der sie kennt, ist offenkundig Kommissar
Maigret. Und da er das einsame Mädchen schließlich so
gut versteht, als habe er persönlich Umgang mit ihr gehabt, ist er den anderen Inspektoren einen Schritt voraus.
Sich in Menschen hineinzuversetzen, mit ihnen quasi zu
verschmelzen, das ist eine von Maigrets Stärken.

Maigret und die junge Tote erschien – im französischen Original als
Maigret et la jeune morte – 1954. Vier Jahre später erschien die erste
deutsche Übersetzung als *Maigret und die Unbekannte*. Die von
mir stammende aktuelle Übersetzung folgte 2018 im Kampa Verlag.

Lacey, Eilis

Davon, dass auch Autorinnen und Autoren ihre eigenen Figuren manchmal so lieb gewinnen, dass sie sich nicht von ihnen trennen können und sie in ihren Büchern weiterleben lassen, war schon die Rede. Der 1955 geborene Ire Colm Tóibín konnte sich nie vorstellen, eine solche Fortsetzung zu schreiben – bis es ihn überkam, seiner Eilis Lacey ein neues Leben einzuhauchen beziehungsweise ihr altes weiterzuerzählen.

2010 legte Tóibín seinen Roman *Brooklyn* vor, der ein paar Jahre später von John Crowley erfolgreich verfilmt wurde. Erzählt wird darin die Geschichte der jungen Irin Eilis Lacey, die Anfang der 1950er-Jahre ihre keine gute Zukunft verheißende Heimat, Enniscorthy im County Wexford im Südosten Irlands, verlässt und ihr Glück unerschrocken in den USA, in Brooklyn sucht. Sie hat in der Fremde schwer zu kämpfen, doch ihr Durchhaltevermögen überwindet alle Hindernisse. Sie heiratet den italienischen Klempner Tony, und alles scheint auf ein kleines, vielversprechendes Glück hinzudeuten.

Doch Eilis' Leben gerät ins Wanken, als sie nach dem Tod ihrer Schwester noch einmal für einen Sommer nach Enniscorthy zurückkehrt und sich in Jim Farrell verliebt, ohne ihm (und ihrer Familie) zu sagen, dass sie bereits eine verheiratete Frau ist. Als der Schwindel auffliegt, bricht sie umgehend nach New York City auf. Der völlig verstörte Jim bleibt zurück.

Was einmal war, gehört zu unserem Leben, und manchmal bricht sich das Vergessene, Verschüttete oder Verdrängte Bahn, ohne dass die Beteiligten darauf großen Einfluss nehmen könnten. Davon erzählen Colm Tóibíns Bücher, und davon erzählt *Long Island*, in dem uns Eilis wiederbegegnet. Gut zwanzig Jahre liegen die Ereignisse aus *Brooklyn* inzwischen zurück. Eilis und Tony haben zwei Kinder, und nichts deutet darauf hin, dass das ungleiche irisch-italienische Paar jemals auseinandergehen könnte.

Eines Morgens jedoch – damit setzt der Roman ein – klingelt es an Eilis' Tür, und ein wutschnaubender Mann erklärt ihr unmissverständlich, Tony habe seine Hausbesuche als Klempner für Schäferstündchen genutzt und ein Kind gezeugt. In einigen Wochen, so der Betrogene, werde der Säugling geboren, und danach werde er diesen ohne Umschweife auf Eilis' und Tonys Schwelle ablegen.

Konsterniert vom folgenreichen Seitensprung ihres Mannes, überdenkt die kluge, entschlussfreudige Eilis ihre Situation. Sie ist gewillt, Tony zu verzeihen, aber noch klarer ist für sie, dass sie dieses Kind nicht in ihrem Haus dulden wird. Ein Konflikt, für den es keine befriedigende Lösung zu geben scheint, bahnt sich an. Denn Eilis lebt Tür an Tür mit Tonys italienischer Sippe, die – allen voran Schwiegermutter Francesca – einen intrigenreichen Plan schmiedet, um die Frucht des Fehltritts, den Tony begangen hat, bei sich aufzunehmen, in Eilis' Sichtweite gewissermaßen.

Eilis ist eine großartige Frauenfigur, die einen festen Platz nicht nur in meinem Kanon der Weltliteratur beanspruchen darf. Sie ist klar in ihrem Denken und Handeln, gibt ihr Innerstes ungern preis und fremdelt, anders als Tonys unbekümmerter Clan, auch nach Jahren noch mit dem amerikanischen Leben. Kein Zufall, dass die verschlossene Frau sich gut mit Mr Dakessian versteht, einem Autohändler, für den sie die Buchhaltung macht. Er ist Armenier, und beiden ist klar, dass die Geschichte ihrer Herkunftsländer für fast alle Amerikaner immer ein Buch mit sieben Siegeln bleiben wird.

Zu spaßen ist mit Eilis nicht. Sie verabschiedet sich brüsk von Tony, um den achtzigsten Geburtstag ihrer Mutter, die ihre Enkelkinder noch nie zu Gesicht bekommen hat, zu feiern – in Enniscorthy. Ja, in diesem kleinen Ort, wo ihre alte Sommerliebe Jim noch immer lebt. Der hat nie geheiratet, betreibt einen florierenden Pub und spielt mit dem Gedanken, sich mit der Mittvierzigerin Nancy, einer Witwe, die erfolgreich einen Fish-and-Chips-Laden führt, zusammenzutun.

In diesen Rahmen bricht nun Eilis ein, die im Grunde nicht vorhat, Tony zu verlassen, und ihr altes Leben doch auf den Prüfstand stellt. Vom ersten Moment an ist klar, dass alte Liebe selten rostet, dass die Anziehungskraft, die Eilis und Jim einst zusammenbrachte, nicht schwächer geworden ist. Ein Versteckspiel beginnt, und die Liebenden tun in ihrer Dreieckskonstellation, was man eben so tut: Man tauscht Botschaften aus, wirft sich Blicke zu, trifft sich heimlich – zum Beispiel in einem Hotel oder einem Häuschen am Meer –, spürt Eifersucht hochkochen, täuscht und betrügt, will nicht wahrhaben, dass einem etwas aus den Händen gleitet, und fürchtet sich vor den Konsequenzen des eigenen Tuns.

Das ist virtuos erzählt, lotet Gefühlsabgründe aus und lenkt die Sympathien nicht vorschnell in eine Richtung. Der Text verurteilt nicht, und so ist es in *Long Island* nahezu unmöglich, Schuldzuweisungen zu machen. Eilis, Jim und Nancy sitzen in einem emotionalen Gefängnis, dessen Bedingungen sie nicht nach Belieben verändern können. Als Nancy merkt, dass ihr die Felle davonzuschwimmen drohen, und ihr Quasi-Verlobter Jim darüber nachdenkt, Eilis nach Long Island zu folgen, geht sie in die Offensive und will vollendete Tatsachen schaffen – ein Schritt, der die Verstrickungen der drei Liebenden noch komplizierter macht.

Ich bin froh, das Colm Tóibín der wunderbar klugen, eigenständigen Eilis Lacey ein zweites Romanleben geschenkt hat, und hätte nichts dagegen, wenn ein drittes folgen würde.

Brooklyn und *Long Island* erschienen 2009 bzw. 2024 im englischen Original, die von Giovanni und Ditte Bandini angefertigten deutschen Übersetzungen 2010 bzw. 2024 im Hanser Verlag.

Linda

Einen Nachnamen hat sie nicht. Linda ist einfach Linda. Eine Frau in ihren Vierzigern, Kuratorin in einer Kunststiftung, verheiratet mit Richard, der hauptberuflich als Lehrer arbeitet und sich mit mäßigem Erfolg als bildender Künstler versucht. Eine Wohnung in Leipzig gehört ihnen, und die Liebe füreinander ist groß. Zum Eheglück passt die siebzehnjährige Tochter Sonja – alles scheint zum Besten bestellt, eine bürgerlich gesettelte Kleinfamilie nach Maß.

Doch wir wissen es alle, und die Autorin Daniela Krien (geboren 1975) hat dafür einen sezierenden Blick: Das Schicksal braucht nicht viel, um vermeintlich unumstößliche Sicherheiten mit einem Schlag zu zerstören. Auf der Sonnenseite des Lebens zurechtzukommen, das ist das eine, das ist die leichte Übung. Dafür interessiert sich Krien in keinem ihrer Romane besonders. Sie richtet den Scheinwerfer ihres Erzählens auf jene Momente, in denen die Dinge aus den Fugen geraten und die Menschen mit Unvorhergesehenem, mit Schrecklichem zurechtkommen müssen. *Die Liebe im Ernstfall* heißt eins von Kriens Büchern, ein Roman aus fünf Erzählungen, in dem (ostdeutsche) Frauen auf die Probe gestellt, mit »Ernstfällen« konfrontiert werden.

Auch Linda in *Mein drittes Leben* bleibt davon nicht

verschont. »Nur der Ernstfall bringt das Wahre im Menschen zum Vorschein«, heißt es nun, und Lindas Ernstfall ist eine wahrhaftige Katastrophe: Ihre Tochter stirbt bei einem Verkehrsunfall, ein LKW-Fahrer übersieht die junge Radfahrerin beim Abbiegen. Zwei Jahre liegt dieser schreckliche Verlust zurück – an dieser Stelle setzt der Roman ein –, ohne dass Lindas unermessliche Trauer zur Ruhe gekommen wäre. Sie hat sich zum Entsetzen ihres auf andere Weise erschütterten Mannes aus dem Leben und von ihren Leipziger Freunden verabschiedet und sich im nördlichen Sachsen auf einen armseligen Dreiseithof zurückgezogen, den ihr eine alte Frau zur Miete überlässt.

Schön ist nichts an diesem Dorf, an dem eine Autobahn direkt vorbeiführt. Die Nachbarn beobachten die sonderbare, sich abschottende Frau argwöhnisch, doch die kümmert das wenig. Sie ist froh, in einem »Niemandsland« angelangt zu sein, wo sie nicht alles und jedes an ihre tote Tochter erinnert. Im Inneren freilich bleibt jeder Schritt, den sie tut, geprägt von dem unsäglichen Schmerz, das einzige Kind verloren zu haben, von der Erinnerung an ein Unglück, für das es keine beruhigende Erklärung gibt: »Wie ein schwarzes Loch steht es im Zentrum meines Seins und schluckt jede Zukunft, bevor sie beginnen kann.«

An niederschmetternden Ereignissen, die sie auf die Probe stellen, hat Linda wahrlich keinen Mangel. Widerstandslos geworden, erkrankte sie nach Sonjas Tod an Krebs und verbrachte den ganzen Tag damit, jedes Detail aus dem kurzen Leben ihrer Tochter heraufzubeschwören und deren Freundinnen selbstquälerisch nach gemeinsamen Erlebnissen auszufragen. Nun, auf dem kümmerlichen Hof, wo ihr allein Hühner, Hund und Katze Gesellschaft leisten, verliert sich das Leid nicht, doch Linda muss niemandem – nicht einmal ihrem ratlosen Mann, der sie alle paar Wochen besucht und zur Rückkehr nach Leipzig überreden will – Rechenschaft ablegen. Sinn vermag Linda in ihrem sonjalosen Dasein weiterhin nicht zu erkennen; sie muss mit »großen Einsamkeiten an hellen Sommerabenden« zurechtkommen, lässt Suizidgedanken im Kopf kreisen und »existiert« lediglich: »Ich verpuppe mich, schalte das Telefon aus, ziehe die Vorhänge der straßenseitigen Fenster zu und verrammle den Hof.«

Zögerlich nur nimmt sie Kontakt zu den Dörflern auf: zu der energiegeladenen Natascha, die sich um ihre autistische Tochter sorgt, oder zu Klaus und Bruni, die kein Blatt vor den Mund nehmen und sich in Tiraden gegen die regierenden Politiker ergehen. Linda hört sich alles an, ohne innere Beteiligung: »Ich habe nichts gegen die kurzen Gespräche mit den Leuten aus dem Ort. Nie gehen sie tief, nie rühren sie an die Schmerzpunkte. Man übersteht sie unbeschadet.«

Daniela Krien ist eine Erzählerin, die kein Wort zu viel verliert und ohne triumphale Gesten, ohne stilistische Überhöhungen auskommt. So ist Linda keine Figur, der man sofort Empathie entgegenbringt. Man leidet mit ihr, man will ihr einen Weg aus ihrer trauernden Isolation weisen. Als Richard die Distanz zu seiner Frau nicht mehr aushält und sich einer anderen zuwendet, geht das nicht spurlos an Linda vorüber, bricht sich die Eifersucht Bahn. Richard und Linda bleiben auf vertrackte Weise ein Paar.

Leicht wäre es möglich gewesen, Lindas zwiespältige Dorfexistenz bis zum Ende auszubuchstabieren, und die Leserinnen und Leser hätten mit dieser Trostlosigkeit zurechtkommen müssen. Doch Daniela Krien will im zweiten Romanteil erproben, ob die todunglückliche Heldin sich nicht doch aus ihrer Sackgasse befreien kann. Ein Zufall – der Mietvertrag für den kleinen Hof wird nicht verlängert – führt dazu, dass Linda nach Leipzig zurückkehrt. Richard und sie verkaufen ihre alte Wohnung für gutes Geld, sodass Linda fürs Erste finanziell abgesichert ist und zu überlegen beginnt, wofür sie ihren plötzlichen Reichtum sinnvoll einsetzen könnte.

Ob es für Linda am Ende Hoffnung gibt? Ob ein »drittes Leben« mit einer Ahnung von Glück denkbar ist? Das fragt man sich noch, wenn man dieses Buch längst zugeschlagen hat. Linda gehört zu den Romanfiguren, die einen herausfordern und deren Schicksal man gern über die letzte Seite hinaus weiterverfolgen würde.

Mein drittes Leben erschien 2024 im Diogenes Verlag.

Mü

Vermutlich erlag meine Mutter damals dem geschick-
ten Marketing des Hannoveraner Gundert Verlags.
»Das Buch wünschen sich alle Jungen und Mädchen ab
10 Jahre, und die Eltern schenken es gern, weil auch ihnen diese moderne Familiengeschichte sehr gefällt«, hieß
es da in der Werbung, und so bekam ich, wohl zum Geburtstag oder zu Weihnachten, die beiden Bücher des
Schweizer Autors Hans Schranz (1916–1987) geschenkt.
Bei uns ist immer was los und *Bei uns ist wieder was los*
erzählen, so der Untertitel, die »Geschichte der Familie
Steiner«.

Die Steiners, das sind die »Mädchen«, die blonden
Zwillinge Christel und Ursi, die »Buben« Uli, genannt
Tschi, und Jürg, das Nesthäkchen, und die Eltern: Vati
und Mü. Wahrscheinlich war es der seltsame abgekürzte
Name Mü, der mich gleich für Frau Steiner – ihren Vornamen erfahren wir nicht – einnahm. Sensationelle Abenteuer erlebt die Familie nicht. Missgeschicke ereignen sich,
die Buben schlagen gelegentlich über die Stränge, Tiere
wie Fischreiher, Wildtauben und Füchse spielen eine
Rolle, man fährt Ski und am Ende mit einem geliehenen
Automobil sogar nach Frankreich. Ein friedliches, halb
idyllisches Familienleben eben – wir sind schließlich in
den 1950er-Jahren, und zudem auch noch in der Schweiz.

Bei den Steiners ging es ein wenig so zu wie bei uns zu Hause. So ließen sich Vergleiche ziehen, und gleichzeitig war ich froh, dass ich mit manchen der Steiner'schen Konflikte nichts zu tun hatte. Die Steiners leben anfangs in der Großstadt, in Zürich vielleicht. Eine sechsköpfige Familie, lebhafter Nachwuchs inbegriffen, findet nicht so leicht Unterschlupf, und so können sich die Steiners glücklich schätzen, eine Mietwohnung zu ergattern – mit dem Nachteil, dass die Vermieterin, die Witwe Raims, im selben Haus wohnt. Diese gibt sich anfangs griesgrämig und gerät sofort in Erregung, wenn die Buben sich nicht an Sitte und Ordnung halten und tun, was aufgeweckte Buben eben so tun. Die Konflikte sind vorprogrammiert, und Vati Steiner, Lehrer von Beruf, kommt nicht umhin, in Frau Raims' Wohnung regelmäßig gut Wetter zu machen.

Hinter allem wirkt Mü, eine muntere Frau, die Doppel- und Dreifachbelastungen leicht auszuhalten scheint:

Sie sieht noch ganz jung aus, man könnte sie mit ihren Töchtern verwechseln; sie schlägt gerne Purzelbäume, spielt Violine und fährt auf dem Frosch, das ist ihr kleines Auto, meist so wild um die Ecken, dass der Vater den Kopf schüttelt und immer sagt, das werde bestimmt noch einmal schlimm enden.

Vielleicht erkannte ich in Mü Ähnlichkeiten mit meiner Mutter, die bei uns den Haushalt zusammenhielt und irgendwann den Führerschein machte, ohne meinem Vater ein Wort davon zu erzählen.

Wohnen bei Frau Raims, das kann auf Dauer nicht gut gehen; Vati weiß um die Konsequenzen:

Wir müssen uns eine andere Wohnung suchen. Wir können nicht mehr hierbleiben. Frau Raims sagt, sie ertrage die Aufregungen nicht mehr und sie könne nicht unseretwegen das ganze Jahr in Hotels verbringen.

So gehen die Steiner wohl oder übel wieder auf Wohnungssuche. Kein leichtes Unterfangen, denn sie müssen jeden Pfennig beziehungsweise Rappen zweimal umdrehen. Doch die Steiners haben – in einem Kinderbuch jener Jahre nicht verwunderlich – Glück. Freundliche Menschen bieten ihnen ein bescheidenes Haus am Waldrand an, und trotz aller Unsicherheiten, ob man sich diesen Besitz wird leisten können, entschließt man sich zum Kauf. Nun lebt man nicht in der großen Stadt, sondern abseits auf dem Land, in Itschnach, Gemeinde Küsnacht.

Der interessante Haken an der Sache: Um das Unternehmen finanziell stemmen zu können, muss Mü in ihren Beruf – auch sie ist Lehrerin – zurückkehren. Eine fortschrittliche Tat, die die Steiner-Kinder, vor allem der kleine Jürg, nicht leicht verkraften. Mit den wechselnden Haushaltshilfen klappt es nicht recht, und so muss sich der Clan selbst organisieren. Dass Mü am Ende von *Bei uns ist wieder was los* einen Rückzieher macht, um sich mehr um ihre Kinder zu kümmern, und fortan nur noch einem unbändigen Mädchen Privatunterricht erteilt, beschäftigte mich damals nicht sonderlich. Meine Mutter übrigens wurde erst wieder berufstätig, als ihre Kinder das Gröbste hinter sich hatten.

Beim Wiederlesen heute sehe ich, wie sich Autor Hans Schranz Mühe gab, einerseits dem Familienbild jener Jahre zu entsprechen und andererseits Mutter Steiner – Mü – eine gewisse Selbstständigkeit zuzugestehen. Eine Mutter von vier Kindern, die Purzelbäume schlägt, wäre anders wohl nicht zurechtgekommen.

Das spätere Schranz'sche Werk habe ich nicht mehr verfolgt. Die *Passion im Emmental* (1974), eine in Sumiswald im 16. Jahrhundert spielende Täufergeschichte, blieb ungelesen.

Bei uns ist immer was los und *Bei uns ist wieder was los* erschienen 1954 bzw. 1959 im D. Gundert Verlag.

Nick, der kleine

In den fünfziger Jahren lernten sich der Texter René Goscinny (der auch Lucky Luke und den standfesten Galliern Asterix und Obelix die richtigen Worte in den Mund legte) und der Zeichner Jean-Jacques Sempé kennen und fassten, die Sempé-Zeichnung eines kleinen Jungen aufgreifend, spontan den Entschluss, sich gemeinsam Geschichten um diesen gewitzten Helden auszudenken. Offenkundig durch den Genuss schweren Bordeaux animiert, wurde der Knabe nach der französischen Weinhandelskette »Nicolas« (Nick) benannt. Das Traumgespann Goscinny (1926–1977) und Sempé (1932–2022), damals um die dreißig, kramte in seinen Kindheitserinnerungen und schuf einen kleinen Kosmos um Nick und seine unverwechselbaren Kameraden.

Im März 1959 erschien die erste Nick-Geschichte in der Zeitung *Sud-Ouest Dimanche*, und bald lagen knapp achtzig dieser kurzen Texte als Buch vor. René Goscinnys Nick, dessen Alter leichten Schwankungen unterliegt, lebt in einer überschaubaren Welt voller schulischer und familiärer Katastrophen und darf sich dennoch darauf verlassen, dass selbst die schlimmsten Verwicklungen nie zu einem völligen Zusammenbruch seines sozialen Gefüges führen.

Aus heutiger Sicht atmen diese urkomischen Geschichten – ohne irgendwie muffig zu wirken – den Geist des unwiederbringlich Verflossenen. Ja, so ging es damals zu, nicht nur in Frankreich: Fernseher und Telefon waren kostspielige Errungenschaften; eine Reise mit dem Flugzeug galt als Sensation; vor Urlaubsfahrten schützte man die staubgefährdete Wohnzimmergarnitur mit Schonbezügen, und wenn auf der häuslichen Speisekarte ein Vorspeisenhighlight gewünscht war, zauberte Mutter Schinkenröllchen mit Mayonnaise und Füllung (wir tippen auf grüne Erbsen) auf den Abendbrottisch.

Nick weiß sich eingebunden in einen Freundeskreis aus charakterstarken Typen: Otto zum Beispiel, ein stark übergewichtiges Kind, dessen Gedanken ausschließlich um Croissants, Butterbrote, Marmeladentöpfe und Gulasch kreisen. Oder Franz, der Pausenhofkonflikte auf seine Weise löst: »Der Franz, der ist sehr stark, und er haut seinen Freunden gern eins auf die Nase, und er beklagt sich manchmal, dass seine Freunde so harte Nasen haben, und er tut sich weh dabei.« Und nicht zu vergessen Chlodwig, das Klassenschlusslicht, Georg mit seinen sehr reichen Eltern und Primus Adalbert, der der Lehrerin nach dem Mund redet und als Brillenträger bedauerlicherweise bei Klassenkeile nur bedingt zum Opfer taugt.

Mädchen kommen in dieser Jungenswelt nur am Rande vor, doch wenn sie auftauchen, wohnt ihnen – wie Nicks Nachbarin Marie-Hedwig – ein Zauber inne, der erste seelische Verwirrungen hervorruft und andeutet, dass die Welt vielleicht nicht nur aus Fußball, Pommes frites und Bäumeklettern besteht. Marie-Hedwig, die blonde Haare hat (»… und blonde Haare sind toll, vor allen Dingen bei

Mädchen«), betört Nick und macht ihn zum Gespött seiner Mitschüler, als sie ihm die Erträge ihres Gesangs- und Tanzunterrichts vorführt:

> *Dann hat sie sich auf die Zehenspitzen gestellt und hat sich gedreht, in den Begonien von Mama, und das ist super gewesen. Ich hab noch nie so was Hübsches gesehen, nicht mal bei Chlodwig im Fernsehen – vielleicht außer dem Cowboyfilm von voriger Woche.*

Noch gesteht sich Nick seine Gefühlsaufwallung nicht ein – »Ich und verliebt? Dass ich nicht lache! Als ob man ihn ein Mädchen verliebt sein kann – das geht nicht mal bei Marie-Hedwig!« –, doch lebenserfahrene Leserinnen und Leser ahnen, dass die Balletteinlage der anmutigen Nachbarin ihre Wirkung nicht verfehlt hat.

Schule und Familie, das sind die Eckpfeiler der Nick'schen Welt. Hier die Strafarbeiten, die Prügeleien wegen nichts und wieder nichts, die Angst vor mäßigen Zensuren und die strafenden Blicke des Aufsichtslehrers Hühnerbrüh (»Bouillon« im Original), der die Sisyphusarbeit des schlichtenden Pädagogen jeden Morgen mit neuem Elan auf sich nimmt. Und da der Ein-Kind-Haushalt mit nicht berufstätiger Mama, die in regelmäßigen Abständen damit droht, zurück zu ihrer Mutter zu gehen, und dem sich abrackernden Vater, der abends seine Ruhe haben will, sie nicht bekommt und Gattin und Kind dafür verantwortlich macht, was die Hausfrau wiederum dazu bringt, ihr Schicksal zu beweinen: »Mama hat gesagt, solche Abende lassen sie um Jahre altern.«

Keine Frage, wir befinden uns in einem – sympathischen – Tollhaus, und die hehre Absicht der Erwachsenen, die Kinder zu »nützlichen Mitgliedern der Gesellschaft« zu machen, führt nicht zu positiven Ergebnissen. Wenn Nicks Vater sich mit den Nachbarn anlegt und Heckenstreitigkeiten zum Anlass für ausführliche Briefwechsel nimmt, unterscheidet er sich in seinem ungebärdigen Trotz kaum von seinem Sohn, der nach Schokoladenkuchen lechzt und bei schlechter Behandlung seinen Erziehungsberechtigten droht, sie umgehend zu verlassen. Darin steckt das charmant verpackte subversive Element in Goscinnys Geschichten. Deren ziemlich heile Welt fußt auf Übereinkünften, dass das Eindeutige im Irdischen keinen Platz hat: »Das Leben ist kompliziert, mein Lieber.«

Die Geschichten vom kleinen Nick arbeiten natürlich mit Stereotypen und spielen mit Klischees. René Goscinny ist ein Meister der Wiederholung, der es seinen Leserinnen und Lesern leicht macht, Figuren wiederzuerkennen und sich alsbald bei den Nicks wie zu Hause zu fühlen. Ottos Gefräßigkeit ist ein solcher Running Gag, der in zahllosen Variationen abgerufen wird. Mit einem »Ich glaube, ich habe euch schon mal von ihm erzählt« ironisiert Goscinny sein Erzählverfahren und schafft ständig neue Situationen, um vom Immergleichen zu berichten. Als Nachbar Bleder den Kindern bei einem Waldspaziergang beispielsweise die »Wunder der Natur« nahebringen will, fordert er Otto, um die Heimkehr zu sichern, auf, »kleine Brotstückchen auf den Weg fallen zu lassen wie der Hänsel im Märchen«. Schlimmeres, so

zeigt die Antwort, hätte er Otto nicht abverlangen können: »Ich soll was von meinem Butterbrot fallen lassen,
spinnst du?«

Die Komik der Nick-Abenteuer ist einerseits inhalt-
licher Natur. Sie trägt mitunter eine ganze Geschichte –
wenn etwa männliche Hypochondrie aufgespießt wird
(»Und Papa hat gesagt, er liegt in Agonie und seine Familie weigert sich, seinen Zustand zur Kenntnis zu nehmen.
Ich weiß zwar nicht, was das ist, ›Agonie‹, aber ich denke,
das bedeutet, dass Papa Schnupfen hat«). Und sie zeigt
sich andererseits bisweilen in unscheinbaren Neben-
sätzen – etwa wenn es um die Hackordnung auf dem
Spielplatz geht (»›Eigentlich müssen wir einen Häuptling
haben‹, hat Georg gesagt. ›Ich schlage vor, das bin ich‹«).

Ohne den kleinen Nick und seine überschaubare Welt
wäre ich, keine Frage, nicht gut durchs Leben gekommen.
Sich eine Zeit lang auf diese chaotische Familie einzulas-
sen vermittelt das beruhigende Gefühl, dass es in der eigenen Familie nur halb so chaotisch zugeht.

Die Geschichten *Le Petit Nicolas* erschienen in Frankreich zwischen 1959 und 1964 und ab 1974 bei Diogenes in der kongeni-
alen Übersetzung von Hans Georg Lenzen. Bei einem Umzug
fand Goscinnys Witwe auf dem Dachboden weitere Geschichten,
die es nie von der Zeitungs- zur Buchpublikation gebracht hatten.
Diese erschienen ab 2004 in Frankreich und kurz darauf auch auf
Deutsch (*Neues vom kleinen Nick; Der kleine Nick ist wieder da;
Der kleine Nick und sein Luftballon*).

Palfrey, Laura

Die englische Schriftstellerin Elizabeth Taylor (1912–1975) litt zeitlebens darunter, dass sie immer wieder mit ihrer Namensvetterin, der zwanzig Jahre jüngeren weltberühmten Schauspielerin, verwechselt wurde. Selbst Journalisten zeigten sich mitunter überrascht, dass Letztere auch Romane verfasst habe …

Dieser Irrtum mag daher rühren, dass die Autorin Taylor die (literarische) Öffentlichkeit scheute und ihr Licht gern unter den Scheffel stellte. Dabei zählt sie zu den großen Erzählstimmen nicht nur der englischen Literatur des 20. Jahrhunderts und hat eine Reihe von Büchern – *Versteckspiel* etwa – vorgelegt, die ich immer wieder zur Hand nehme. Meine liebste Taylor'sche Heldin heißt Laura Palfrey und hat ihren Auftritt im seinerzeit für den Booker Prize nominierten Roman *Mrs Palfrey im Claremont*.

Hotels sind treffliche Schauplätze, um menschliches Verhalten in Ausnahmesituationen, in Zonen des Übergangs, der Ungebundenheit und des Außergewöhnlichen zu studieren. Die Gäste, die Elizabeth Taylor im Claremont Hotel auftreten lässt, sind freilich Sonderfälle. Sie sind gewissermaßen Gäste zweiter Klasse und werden vom Management dementsprechend behandelt. Denn sie gehören nicht zu den gern gesehenen Touristen auf

Entdeckungstour durch London. Sie haben das Hotel, dessen beste Tage offensichtlich ein paar Jährchen zurückliegen, als Alterssitz ausgewählt und lassen ihren Launen, zum Leidwesen der Angestellten, oft freien Lauf. Eine zusammengewürfelte Gesellschaft findet sich da ein und muss notgedrungen miteinander auskommen. Menschen samt und sonders, die wissen oder ahnen, dass ihre Träume, wieder ins »richtige« Leben zurückzukehren, unerfüllt bleiben werden, Menschen, die den Tod vor Augen haben.

Die Witwe Laura Palfrey, die wir gleich zu Anfang des Romans als Neuankömmling kennenlernen, ist eine markante Person mit fast männlichen Zügen. Sie hat die Welt gesehen und weiß das Claremont Hotel, das Kundschaft mit dem verdächtigen Slogan »Herabgesetzte Winterpreise. Hervorragendes Essen« anzulocken versucht, sofort einzuschätzen. Es ist kein heruntergekommener, aber doch ein ärmlicher Ort, den sie sich ausgesucht hat, und als sie ihr Zimmer bezieht, ist ihr die Ernüchterung ins Gesicht geschrieben:

So mussten Häftlinge sich fühlen, dachte sie, als der Portier ihre Koffer abgestellt hatte und gegangen war, wenn sie das erste Mal in ihrer Zelle allein gelassen wurden, sich das erste Mal zum Fenster wandten und dann zur geschlossenen Tür schauten, danach die Schritte zur Wand zählten.

Schon diese Eingangsszene verdeutlicht, wie mühsam es für Laura Palfrey sein wird, sich an diese Atmosphäre zu gewöhnen. Gewiss, sie ist eine selbstbewusste Frau, die sich mit niemandem gemein macht, auf Etikette hält und sich nicht gehen lässt wie einige der anderen Hotelgäste. Und dennoch hat sie sich bei aller Selbstdisziplin dem kollektiven Schicksal zu fügen: Wer im Claremont landet, hat mit dem gesellschaftlichen Leben abgeschlossen, leidet unter den Gebrechen des Alters, kämpft gegen die Einsamkeit und sieht sich selbst beim Regressionsprozess zu.

Wo Anregungen von außen fehlen, bleibt die Fixierung auf Alltagsrituale. Was der Menüplan zu bieten hat, ist ein hoch wichtiger Gesprächsstoff – und Anlass zu Lästereien, denn kulinarische Höhepunkte sind nicht zu erwarten und Freitage ohne Frikassee undenkbar. Da kommt »kaltes, verrunzeltes Essen« auf den Tisch, da ist das Stück Camembert nicht mehr als ein »kreideartiger Rest vom Rand irgendeines Bries«. Und wenn eine der Bewohnerinnen eine Schale mit Knabberzeug prüft und »sorgfältig eine bestimmte Nuss« auswählt, »als unterscheide sie sich von den anderen«, so ist die alternde Frau allein durch eine solche kleine Geste trefflich charakterisiert.

Mrs Palfrey im Claremont handelt, so Taylors Kollege Kingsley Amis, vor allem von der Einsamkeit, vom Alter und vom nahenden Tod. Für die Titelheldin gibt es keinen Grund, sich diese Welt schönzureden: »Das Desaster des Altwerdens war, dass man sich bei keiner Unternehmung mehr sicher fühlte, ja dass die eigene Freiheit zusehends außer Reichweite geriet.« Auch Mr Osmond, ein hartnäckiger Verehrer Lauras, weiß um die Einsamkeit der Hotelexistenz, die von einem »Mangel an Vorfreude« geprägt sei.

Mrs Palfrey konkurriert in Einsamkeitsbelangen unwillkürlich mit ihren Hausgenossen. Ganz allein zu sein und keine liebenden Verwandten zu haben, die zu Besuch kommen oder Briefe schreiben, das ist die Schwundstufe des Lebens, die Höchststrafe, die niemand akzeptieren will. So überbieten sich die Gäste in Lobreden auf ihre Familien – eine Situation, die Mrs Palfrey in Bedrängnis bringt. Denn viel vorzuweisen hat sie in dieser Hinsicht nicht. Ihre nicht sonderlich fürsorgliche Tochter lebt in Schottland, und Enkel Desmond verspürt keine Lust, den Lebensherbst seiner Großmutter zu verschönern.

Dieses Elend bedingt die Geschehnisse, die dem Roman einen unverhofften Spannungsbogen verleihen. Durch Zufall lernt Mrs Palfrey den jungen Schriftsteller Ludo Myers kennen und gibt ihn – obwohl sie Lügen verabscheut – als ihren Enkel aus. Endlich scheint ein Ausweg aus dem Dilemma möglich: Ludo lässt sich auf das Spiel ein, nimmt Lauras Einladung zum Abendessen im Claremont an und wird zum Vorzeigeenkel.

Elizabeth Taylor ist eine großartige Menschenzeichnerin, und das Porträt Laura Palfreys ist ihr besonders gut gelungen. Die Witwe, die so gern am Leben Anteil nähme, gehört den konservativen englischen Kreisen an. Der Roman spielt Ende der sechziger Jahre, und durch die Straßen Londons zieht eine revoltierende Jugend, die die alten Wertvorstellungen umstürzen will. Damit kann man im Claremont Hotel wenig anfangen, und obwohl Mrs Palfrey nie wie Mr Osmond von »langhaarigen Rüpeln« sprechen würde, steht sie diesen Entwicklungen abwehrend gegenüber und hofft, »dass Ludi ihr nie die Schande machen würde, ein Transparent zu tragen oder Pflastersteine zu werfen«.

Nein, eine Rebellin ist Laura Palfrey nicht. Aber eine würdige Heldin, die sich den unwürdigen Bedingungen des Alters nicht beugen will.

Der Roman erschien (im Original: *Mrs Palfrey at the Claremont*) 1971 und auf Deutsch in Bettina Abarbanells Übersetzung 2021 im Dörlemann Verlag.

Radaković, Rajka

Wer sich an Ivo Andrić, den Literaturnobelpreisträ-ger des Jahres 1961, erinnert, denkt wohl zuerst an die Romane *Die Brücke über die Drina* und *Wesire und Konsuln*, die ersten beiden Bände seiner Bosnischen Trilogie. Deren Abschluss *Das Fräulein* fand weit weniger Beachtung, obwohl er eine äußerst einprägsame, grandios geschilderte Frauenfigur in den Mittelpunkt rückt.

Der Roman erzählt die Geschichte der Rajka Radaković – des »Fräuleins« –, die 1935 mit Ende vierzig an Herzversagen stirbt, als sie meint, ein Einbrecher mache sich in ihrem Belgrader Häuschen zu schaffen. Mit ihrem Tod setzt der Text ein und führt auf den letzten Seiten zur Auftaktszene zurück. Eingebettet in diesen Rahmen ist Rajkas – traurige – Lebensgeschichte, die Anfang des 20. Jahrhunderts in Sarajevo ihre entscheidende Zäsur erfährt.

Denn 1903 bricht für das fünfzehnjährige Mädchen die Welt zusammen, als ihr »großer und mächtiger« Vater, ein einst erfolgreicher Kaufmann, Bankrott anmelden muss und kurz darauf stirbt. Dass man diesem Mann, ihrem Idol, so etwas antun konnte! Für sie zählt nur, den »Ruin ihres Vaters zu rächen und zu vergelten« und seine letzten Ratschläge zu beherzigen: seinen Besitz um jeden Preis zusammenzuhalten und an allen Ecken und Enden zu sparen.

Das Mädchen, das sich bald für volljährig erklären lässt, verfolgt diesen Weg rigoros. Ihr Sparwille schlägt in gnadenlosen Geiz um, der auch vor der eigenen Mutter nicht haltmacht. Rajka klammert sich nicht nur an ihr Geld; sie lässt es für sich arbeiten und kommt in den Ruf, ein »Wucherfräulein« zu sein. Konsequent ist sie auf ihr eigenes Wohl bedacht, verzichtet auf soziale Kontakte und ignoriert – etwa wenn sie selbst Bettlern unbarmherzig die Tür weist – alle gesellschaftlichen Gepflogenheiten.

Mit Rajka Radaković entwirft Ivo Andrić (1892–1975) eine ungewöhnliche Verkörperung der Todsünde Geiz. Diese tritt in der Weltliteratur – von Shakespeares Shylock, Molières Harpagon über Dickens' Ebenezer Scrooge bis hin zu Dagobert Duck – fast immer in männlicher Gestalt auf. Die hartherzige Rajka reiht sich nahtlos in diese Traditionslinie ein und verliert dabei alle weiblichen Attribute. Sie trägt Männerkleider, legt keinerlei Wert auf ihr Aussehen und wirkt schon in den mittleren Jahren wie eine »alte Jungfer«.

Keine Frage, Rajka hat einen Platz in meinem Leserherzen gewonnen, obwohl sie ein unsympathisches, asexuelles »Fräulein« ist und an keiner Stelle Mitleid wachruft, selbst als ihre Pläne nicht mehr aufgehen und sie auf einen Hochstapler hereinfällt. Wenn ich nur wüsste, warum … Ihre Absicht, sich ganz in ihrem eigenen Kosmos einzunisten, den »Traum von einer Million« zu realisieren und »politischen Problemen« aus dem Weg zu gehen, schlägt fehl, als Thronfolger Franz Ferdinand in Sarajevo ermordet wird und der Erste Weltkrieg ausbricht. Hilflos und wütend muss Rajka mit ansehen, wie die Stimmung umschlägt, sie als Kriegsprofiteurin verachtet wird und sie schließlich nach Belgrad ausweichen muss.

Welche Folgen das Attentat auf den Thronfolger hat, wie sich der Alltag in Sarajevo während des Krieges verändert und wie dann das Ende der Habsburgermonarchie gefeiert wird, schildert Ivo Andrić auf packende Weise. Die Konsequenzen, die all das für Rajka hat, sind eindeutig: Das Lebensprojekt der raffgierigen, herzlosen Frau ist gescheitert. Sie fühlt sich umstellt von »Lug und Trug« und verraten: »In dieser Welt gibt es keinen Schutz und Schirm.« Zur Millionärin wird es Rajka in Belgrad nicht bringen, doch all ihre Hingabe und Liebe gilt weiterhin den Münzen und Scheinen, die sie in ihrem Haus hortet, abgeschottet von Gott und der Welt und immer in Furcht, ihre Habe zu verlieren – bis zu ihrem einsamen, von niemandem betrauerten Tod.

Ivo Andrić' Roman erschien 1945 unter dem serbokroatischen Titel *Gospodica*. 1958 folgte Edmund Schneeweiss' deutsche Übersetzung *Das Fräulein*, die überarbeitet von Katharina Wolf-Grießhaber im Zsolnay Verlag 2023 neu aufgelegt wurde.

Ramundo, Ida

Über Elsa Morantes *La Storia* wurde schon viel geschrieben, über diesen heute als Klassiker der italienischen Literatur geltenden Roman, der bei seinem Erscheinen 1974 sensationelle Auflagen erreichte und Wellen der Zustimmung und Kritik hervorrief.

In acht Kapiteln und einer Art Epilog taucht *La Storia* in eine der am hitzigsten diskutierten Phasen der italienischen Geschichte ein, in die Jahre 1941 bis 1947. Durch den »Stahlpakt« von 1939 waren Mussolinis Schwarzhemden eng mit den deutschen Nationalsozialisten verbündet, deren Ideologie sie auch mit ihren »Rassegesetzen« folgten. Jedem ihrer Romankapitel stellt Morante (1912–1985) eine makrohistorische Übersicht voran, die resümiert, welche »großen« Ereignissen die Welt in jener Zeit prägten.

Obwohl es Morante darum geht, die Hintergründe einer düsteren Zeit auszuleuchten und die Irrwege der Menschen und ihrer Ideologien aufzuzeigen, ist *La Storia* kein plakativer Thesenroman. Nein, er bringt für seine Figuren großes Interesse auf. Und die Autorin versteht es, ihre ausholende Geschichte an Einzelschicksale zu knüpfen und so lebendig zu machen.

Im Mittelpunkt steht die verwitwete Grundschullehrerin Ida Ramundo, die mit ihrem 1926 geborenen Sohn Nino im römischen Stadtteil San Lorenzo lebt.

Von der ersten Seite an ist klar, dass sich Elsa Morante viel vorgenommen hat: Sie will demonstrieren, wie die Weltpolitik und die ideologischen Auseinandersetzungen um Faschismus, Kommunismus und Anarchismus auf den Einzelnen zurückwirken. Idas lebenshungriger Sohn Nino ist das Musterbeispiel eines ständigen Hin-und-hergerissen-Seins. Sympathisiert er anfangs mit Mussolinis Truppen, schließt er sich bald den Partisanen an und ist nach Kriegsende, zum Unverständnis seiner kommunistischen Freunde, nicht mehr bereit, irgendeine Herrschaft zu akzeptieren. Nachdem sich eine Ideologie so trügerisch wie die andere erwiesen hat, will er nur noch dem puren Lebensgenuss huldigen.

Inmitten dieser Gefechte steht die schüchterne, in sich gekehrte Ida, die ihren Sohn innig liebt und seine Kapriolen sorgenvoll verfolgt. Zutrauen findet sie zu niemandem, denn ihr Leben ist von der Angst geprägt, ihre Stelle zu verlieren und verhaftet zu werden. Keiner darf erfahren, dass ihre Mutter Jüdin war. Sie ändert deswegen die Schreibweise ihres Nachnamens und würde sich am liebsten unsichtbar machen, um dem Zugriff des staatlichen Judenhasses zu entkommen.

Siebenunddreißig ist Ida im Januar 1941, als das Schicksal ihr einen weiteren heftigen Schlag versetzt. Ein blutjunger deutscher Soldat aus Dachau – Gunther – zieht durch die Straßen Roms, betrinkt sich und nutzt eine Zufallsbegegnung mit der früh gealterten Ida brutal aus: Er vergewaltigt sie, lässt sie geschunden zurück und wird kurz darauf selbst im Krieg sterben, ehe sein Leben eigentlich begonnen hat.

Ida trägt das Kind dieser Gewalttat aus; im August 1941 bringt sie ihren zweiten Sohn – Useppe genannt – zur Welt. Wer der Vater ist, erzählt sie niemandem. Ihre Angst vor allem und jedem nimmt zu. Ihr Leben kreist nur mehr um ihre innig miteinander verbundenen Söhne: da der umtriebige, sich in obskuren Kreisen bewegende Nino, da der heitere, frühreife, von Grand-Mal-Anfällen heimgesuchte Useppe.

Mit großer Eindringlichkeit beschwört Morante Idas Überlebenskampf, die Sorge um das tägliche Brot und um eine Bleibe, nachdem ihr Haus von Bombenangriffen zerstört wird. Hinzu kommt, als ihre Kräfte mehr und mehr schwinden, die Furcht, als Lehrerin nicht mehr haltbar zu sein, und vor allem, das Liebste ihres Lebens, ihre Kinder, zu verlieren.

So groß die Sympathien für die unglückselige Ida sein mögen, Elsa Morante schenkt ihr kein Erbarmen, kann ihr keines schenken. Idas Söhne kommen ums Leben, und fortan fehlt ihr jeder Halt. Auch das Kriegsende gibt wenig Anlass zu Zuversicht. Die Geschichten der Juden, die überlebt haben, will niemand hören, und die Hoffnung auf Tabula rasa, auf einen Neuanfang erweist sich als naive Illusion.

La Storia ist somit ein kühn realistisches Buch, das ohne Nostalgie auf Faschismus und (Nach-)Kriegszeit zurückblickt. Für eine hoffnungsvolle Interpretation der Geschichte ist da kein Raum, und dass die alten Ideologien eine freudige Zukunft versprechen, scheint nicht mehr als eine Schimäre.

Bewegend ist dieser Roman nicht zuletzt, weil man Ida

Ramundo von Herzen ein anderes, glücklicheres Leben wünschen würde und einem gleichzeitig klar ist, dass sie ein solches nie erlangen wird. Über den Tod ihrer Söhne kommt sie nicht hinweg, und so steuert der Roman natürlich nicht auf ein versöhnliches Ende zu. Ida Ramundo, diese von allem überforderte Frau, hat in dieser Welt nichts mehr verloren.

La Storia erschien im italienischen Original 1974; zwei Jahre später folgte die erste deutsche Übersetzung. 2024 legte der Wagenbach Verlag eine Neuübersetzung von Maja Pflug und Klaudia Ruschkowski vor.

Rapp, Eugen

Wie schreibt man über sich selbst? Wie »wahr«, wie »authentisch« kann es gelingen, das eigene Leben auf Papier zu bringen? Darüber wurde lange diskutiert, ehe das Modewort »autofiktional« aufkam, mit dem gegenwärtig jede Form autobiographischen Schreibens aufgewertet werden soll. Die Wege, die Autorinnen und Autoren beschreiten, um sich selbst zum Thema zu machen, sind dabei sehr unterschiedlich. Manche greifen unmittelbar zur Ich-Form und signalisieren dadurch, dass sie – wie der Literaturwissenschaftler Philippe Lejeune es nennt – einen »autobiographischen Pakt« mit der Leserschaft schließen:

> Damit es überhaupt eine Autobiographie geben kann, muss der Autor mit seinen Lesern einen Pakt, einen Vertrag eingehen, in dem er verspricht, sein Leben, und nichts als sein Leben, in allen Einzelheiten zu erzählen.

Anders als oft angenommen ist die Ich-Form keine Voraussetzung für die Autobiographie. Manchen Schreibenden fällt es leichter, über sich selbst zu schreiben, wenn sie eine Distanzierung vornehmen und sich der eigenen Vergangenheit in der dritten Person nähern. So hat es auch der Stuttgarter Schriftsteller Hermann Lenz (1913–1998) gehandhabt, als er Anfang der sechziger Jahre den Entschluss fasste, seiner Existenz schreibend auf den Grund zu gehen. Ohne an seiner autobiographischen Schreibabsicht Zweifel aufkommen zu lassen, nannte sich Lenz »Eugen Rapp« und veröffentlichte, wie er es selbst formulierte, eine »Volksausgabe« seiner selbst.

Den Anfang seines – insgesamt neunbändigen – Zyklus machte Lenz 1966 mit *Verlassene Zimmer*. Das Leben des Eugen Rapp beginnt dabei nicht mit dessen Geburt. Gut einhundertdreißig Seiten vergehen, ehe Eugen im Februar 1913 das Licht seiner schwäbisch-hohenlohischen Welt erblickt. Wer sich selbst verstehen will, so Lenz, muss seine Vorfahren zu verstehen versuchen, und so malt er sich in *Verlassene Zimmer* den Alltag seiner Großeltern mütterlicherseits aus, der Gablenberger Wirtsleute Luise und Julius Krumm. Eugen Rapp lernen wir dann als scheuen, introvertierten Jungen kennen, der seine ersten elf Lebensjahre in der Oberamtsstadt Künzelsau verbringt und Urerfahrungen der Angst macht. Fortan strebt er danach, sich von seiner Umwelt abzukapseln und in seinem Inneren einen unantastbaren, für andere unerreichbaren Bezirk zu errichten.

Dass Eugen Rapp sich als Außenseiter fühlt, der ein »Fremdheitsgefühl« nie ablegen kann, verstärkt sich, als er als Schüler und Student merkt, wie sich die politische Situation in Deutschland zuspitzt und der Nationalsozialismus breitmacht. Dessen Ideologie lehnt er, anders als sein Vater, von Anfang an strikt ab und zieht sich, als er in Tübingen, Heidelberg und München zu studieren beginnt, auf sein Innerstes zurück, in der trügerischen

Hoffnung, dort nicht angetastet zu werden. »Du bist nichts, dein Volk ist alles« – diesen NS-Satz hat Lenz als den verhasstesten seines Lebens bezeichnet. Die Romane *Andere Tage* und *Neue Zeit* erzählen von dem Kampf gegen diese Vereinnahmung, die erst endet, als Rapp aus den USA als Kriegsgefangener in seinen Geburtsort Stuttgart zurückkehrt.

Danach will Eugen Rapp sich nicht mehr vom Schreiben abbringen lassen. Zurückgezogen in seiner Dachstube und unterstützt von seiner Frau Hanni Treutlein, einer »Halbjüdin«, die er 1937 in München kennenlernte, verfolgt er unbeirrbar sein Werk, das erst viele Jahre später dank Peter Handke, der als fiktive Figur Stephan Koval heißt, breite Anerkennung finden wird. Einen »poetischen Geschichtsunterricht« hat Handke die Eugen-Rapp-Romane genannt.

Eugen Rapp ist ein »Stiller im Land«, der vor allem mit sich selbst spricht, nie auf festem, bürgerlichem Boden zu stehen scheint, sich vor erotischen Eskapaden fürchtet, sich »nebendraußen« am wohlsten fühlt und die Eitelkeiten des ihn lange ignorierenden Literaturbetriebs gleichzeitig genau beobachtet. »Wenn du nur durchkommst«, hieß seine Maxime als Soldat, und diese gilt auch, als er sich als sogenannter freier Schriftsteller zu behaupten sucht. Mit Revolutionen und Revolten hat der wertkonservative Eugen nichts am Hut; den Reden von jedweder »neuen Zeit« misstraut er. Das hat manchmal auch Borniertes und Verdrucktes an sich, doch Eugen Rapp braucht Schutzmechanismen, um sich vor den Abgründen der Welt und seiner Psyche zu schützen.

Während seine Schriftstellerkollegen Urlaubsreisen in entfernte Regionen unternehmen, fährt Eugen mit seiner Frau Jahr für Jahr in den Bayerischen Wald, nach Bischofsreut. Bei Schneidermeister Madl kommt er bescheiden unter und erwandert sich seine Welt. In diesem heute umgebauten Bauernhaus können Lenz- bzw. Rapp-Verehrer eine nach dem Autor benannte Ferienwohnung anmieten: »Verlassen Sie das Rad der Zeit und übernachten Sie im restaurierten ›Originalschlafzimmer‹ des sich dem Literaturbetrieb widersetzenden Schriftstellers«, heißt es auf der Homepage von Haidl-Madl-Ferienwohnungen. Was Eugen Rapp dazu gesagt hätte? »Au net schlecht« vielleicht.

Hermann Lenz' neun Eugen-Rapp-Romane erschienen – von *Verlassene Zimmer* (1966) bis *Freunde* (1997) – zuerst bei Jakob Hegner und dann im Insel Verlag. 2000 wurden sie vom Suhrkamp Verlag in der Kassette *Vergangene Gegenwart* zusammengefasst.

Sandberg, Wilbur

Da schreibt einer vier Romane und dann erfolgreiche Drehbücher, die dazu führen, dass der fünfte Roman lange, genauer: dreizehn Jahre, auf sich warten lässt. Doch offenkundig hat die Pause dem Schweizer Schriftsteller Rolf Lappert (1958 geboren) gutgetan, denn sein Comeback *Nach Hause schwimmen* ist bis heute sein populärstes Buch geblieben, und sein Held Wilbur Sandberg hat sich einen festen Platz in meiner Ahnengalerie der literarischen Heroen bewahrt.

Lappert entfaltet einen staunenswerten epischen Reichtum, der in keine Schublade passen würde. In einem kunstvollen Geflecht von Erzählsträngen wird die Geschichte des klein gewachsenen Wilbur Sandberg ausgebreitet, mit dem es das Schicksal alles andere als gut meint. Als er 1980 in Philadelphia das Licht der Welt erblickt, bekommt er vom Glanz der Stadt wenig mit. Seine aus Irland stammende Mutter stirbt bei der Geburt; der schwedische Vater macht sich auf und davon, und Wilburs leidvolle Odyssee beginnt. Aufenthalte im Kinderheim und bei Pflegeeltern sind unweigerlich die nächsten Stationen, bis sich Orla und Eamon McDermott, die Eltern seiner Mutter, entschließen, den Jungen nach Irland zu holen.

Das Raffinierte der Romankonstruktion besteht darin, dass Rolf Lappert mit einem Tiefpunkt einsetzt, als der zwanzigjährige Wilbur versucht, sich durch einen Sprung ins Wasser von Coney Island umzubringen. Zwei Angler retten ihn, und von da an verfolgen wir sein Leben aus zwei Perspektiven: zum einen im Rückblick auf jene Phasen, die zum Suizidversuch führen, zum anderen in der gegenwärtigen Ich-Erzählung des mühsamen Weges, der sich der Tat anschließt, der Anstrengung, die ewige Talfahrt zu stoppen und doch noch im Hier und Jetzt anzukommen.

Eine Vielzahl von Charakteren, Episoden und Schicksalen nimmt Lappert in seinen nie bemüht wirkenden Text auf und verbindet sie elegant miteinander. Zwischen der irischen Nordküste und Brooklyn agiert der Bruce-Willis-Liebhaber Wilbur, ergeben dem, was das Leben an Magenschlägen für ihn bereithält:

Ich folge Impulsen, lasse mich treiben, reagiere. Ich bin ein Nichtschwimmer in einem zähen Fluss. Ich halte mich wahllos an Dingen fest, um nicht unterzugehen.

Trotz dieser so unerfreulich anmutenden Konstellation neigt Wilbur nicht zu Larmoyanz, ist die Erzählung seiner Jugend keine bloße Aneinanderreihung von Desastern.

Rolf Lappert hat ein Gespür dafür, Emotionen an Szenerien – sei es eine Schaffarm in Irland, eine liberal geführte Besserungsanstalt für Jugendliche oder ein Reformhaus in New York – zu binden, sodass in gleichsam altmodischer, sanft ironischer Weise lustvoll ein großes Panorama aufgefächert wird. Unwillkürlich ist man an

Autoren aus dem angloamerikanischen Raum erinnert, an John Irving zum Beispiel, und Rolf Lappert muss sich hinter diesem kraftvollen Erzählen beileibe nicht verstecken.

Wilbur, laut Selbsteinschätzung »verhinderter Selbstmörder mit partiellem Gedächtnisverlust, zwanghafter Trinkhalmbenutzer und traumatageschädigter Nichtschwimmer«, kommt, obwohl keine Hoffnung mehr zu bestehen schien, nach und nach auf die Füße. Schon seine ersten beiden Lebensjahrzehnte waren ungeachtet aller Unglücks- und Todesfälle durchzogen von lichten Momenten, von Glückserlebnissen, etwa als er mit seiner Großmutter Orla Autoausflüge unternimmt und sich beide von Radiomusik berauschen lassen. Oder als er seine Qualitäten als Cellospieler entdeckt und diese Talente bei einem Wettbewerb in Göteborg unter Beweis stellt. Oder als er in Conor Lynch endlich einen Freund findet, der ihn aus seiner Einsamkeit befreit und mit dem quälende Fragen wie »Wenn man tot ist, was kommt dann?« in jugendlichem Ernst besprochen werden – ein Junge freilich, der in einer unheilvollen Katastrophenverkettung auf seinen eigenen Vater schießt und dabei den Tod der geliebten Orla heraufbeschwört.

Nach Hause schwimmen ist ein Füllhorn von kleinen und großen Geschichten, vorgetragen in einem gelassenen, mitunter hohen Ton. Couragiert weist Rolf Lappert am Ende dem verfahrenen Leben seines Helden, der sich einredet, ohne »Erwartungen« an andere zu sein und »nichts mehr fühlen zu wollen«, eine neue Richtung. Eine junge Frau mit dem sprechenden Namen Aimee spielt dabei eine wesentliche Rolle. Ob Wilbur sich nicht noch einmal in selbstmörderischer Absicht ins Wasser stürzt und es ihm schwimmend gelingt, den Weg ins Erwachsenenleben zu finden, das will ich hier nicht verraten.

»Mein Leben ist ein Flickenteppich aus Erinnerungsfetzen«, erkennt Wilbur, als er in einer Klinik für Selbstmordkandidaten landet. Mit erzählerischer Geduld und Ausdauer hat Rolf Lappert daraus ein kunstvolles, farbenreiches Bild gemacht – und einen tapferen Helden in Szene gesetzt, dessen Weg zu verfolgen so lustvoll ist.

Nach Hause schwimmen erschien 2008 im Carl Hanser Verlag.

Scherer, Lisa

Wenn man das Glück hat, ein Buch wie dieses zu schreiben, und einem das Lektorat nicht in die Parade fährt, darf man sich ein paar Freiheiten herausnehmen. Deshalb schleuse ich in diese Lieblingsfigurensammlung still und heimlich eine Frau ein, die sich weder Leo Tolstoi noch Emily Brontë ausgedacht haben. Lisa Scherer stammt nämlich aus meinem eigenen PC, aus meinem Roman *Als wär das Leben so*.

Figuren, die man sich selbst ausgedacht hat, bringt man als Autor oft große Zuneigung entgegen, und wenn die letzte Buchseite geschrieben ist, stellen sich mitunter Entzugserscheinungen ein, beim Schreibenden wie beim Lesenden. Das also soll es schon gewesen sein mit diesem Mann oder dieser Frau, die man über so viele Kapitel begleitet hat und die einem manchmal näherkommen als die Freunde und Verwandten, die einem in der Realität tagtäglich begegnen? Kein Wunder also, dass viele meiner berühmten Kolleginnen und Kollegen ihren Trennungsschmerz dadurch überwinden, dass sie ihre Figuren wiederauferstehen und sie in mehreren Büchern auftreten lassen.

Meine Lisa Scherer ist Anfang der 1960er-Jahre an der Schlei geboren, einem schmalen, im nördlichen Schleswig-Holstein gelegenen Meeresarm der Ostsee. In einem

Häuschen wächst sie mit ihren Eltern Karl und Elisabeth und ihrer Schwester Anika auf, in freundlichen kleinbürgerlichen Verhältnissen. Aus diesen will Lisa ausbrechen; eine Rebellin ist sie nicht, aber eine Frau, der nichts mehr wert ist als ihre Unabhängigkeit. Weder von ihren Eltern noch von irgendwelchen Männern will sie sich dreinreden lassen. Wer sie einzuengen versucht, kann sich gleich wieder auf und davon machen.

Als wär das Leben so begleitet Lisa durch ihr ganzes Leben. Wir sehen sie anfangs als Buchhändlerin in Hamburg, die einen schweren Autounfall in Frankreich gerade so überlebt, die es dann zu einem nicht ernsthaft betriebenen Studium der Kunstgeschichte nach Berlin zieht, ehe sie wieder nach Hamburg zurückkehrt, um im Vertrieb eines Zeitungsverlags zu arbeiten. Anders als ihre Freundinnen und Kolleginnen oder als ihre Schwester, die bald Mutter vieler Kinder wird, will Lisa keinen Mann dauerhaft an ihrer Seite haben und nicht den Vorstellungen ihrer Eltern entsprechen. Enkelkinder sind von ihr nicht zu erwarten.

Wie früher ging sie abends hinunter ans Ufer, setzte sich irgendwohin und ließ Kiesel übers Wasser flitzen. Ein Kanufahrer winkte ihr zu, sonst war niemand zu sehen. Ob es ihr gut gehe, fragte sie sich selbst, ein Verhör, das sie nur alle paar Monate führte, um sich Klarheit zu verschaffen, worüber auch immer. Sie gehörte nicht zu den Menschen, die ständig ihr Inneres befragten. Sie wollte leben für den Augenblick und diesen Augenblick nicht zerreden.

An Karriere denkt sie nicht; ein solides Auskommen genügt ihr, und Zeit will sie haben für Reisen, nach Andalusien zum Beispiel, und dass sie diese Reisen manchmal allein unternimmt, ist für sie kein Problem. Irgendwann lässt sie sich auf eine Affäre ein mit einem Mann, den sie bei der Arbeit kennenlernt. Er macht keinen Hehl daraus, verheiratet zu sein, und gibt nicht vor, seine Frau wegen Lisa verlassen zu wollen – eine Forderung, die Lisa ohnehin nie stellen würde. Einmal die Woche besucht er sie in ihrer Wohnung, auf einen Rotwein, zum Reden und zum Sex; hin und wieder treffen sie sich irgendwo in einem Hotel. Lisa spürt, dass dieser Mann, der in ihren Gedanken und im Roman nur »der Verheiratete« genannt wird, ihr guttut. Beide sind sich einig in dem, was sie voneinander wollen. Über ein Dutzend Jahre halten sie an ihrer verschworenen Beziehung fest, von der nicht einmal Lisas beste Freundinnen wissen und die diese wohl auch nicht verstehen würden.

Was heißt es, ein Leben im Einklang mit sich selbst zu führen? Kann es gelingen, sich von äußeren Umständen dauerhaft freizumachen? Vielleicht mag ich Lisa Scherer deshalb so, weil sie sich nicht fügen mag in vorgegebene Muster – und weil sie irgendwann hilflos mit Mächten konfrontiert wird, die alles auf den Kopf stellen.

Von Anfang an ahnt man als Leser, dass Lisas Leben kein gutes Ende nehmen wird. In ihren Fünfzigern erkrankt sie an Krebs. Der Verheiratete bleibt an ihrer Seite, doch irgendwann ist Lisa erschöpft von dem, was die Krankheit ihr abverlangt. Nichts ist mehr so, wie sie es einst einem Freund gegenüber erläuterte:

Ob sie glücklich sei mit ihrem Leben. Sie schüttelte den Kopf. Darüber mache ich mir keine Gedanken, sagte sie und ließ die Beine über den Bootsrand baumeln. Es ist gut, wie es ist. In einem halben Jahr sehe ich das womöglich anders, dann werde ich versuchen, daran etwas zu ändern.

Am Ende jedoch vermag Lisa aus eigener Kraft nichts mehr an ihrem Leben zu ändern, und sie trifft eine furchtbare, eine konsequente Entscheidung.

Als wär das Leben so erschien 2021 bei Oktopus im Kampa Verlag.

Stechlin, Dubslav von

Welcher bitte ist Ihr Lieblingsroman von Theodor Fontane (1819–1898)? An dieser Frage scheiden sich die Geister. Viele führen umstandslos *Effi Briest* ins Feld; andere verweisen auf *Frau Jenny Treibel*. Ich selbst zögere – bei aller Sympathie für die traurige Geschichte von Effi Briest, die dem falschen Mann zugeführt wird und dann einen verhängnisvollen »Schritt vom Wege« tut – und plädiere schließlich für Fontanes letzten Roman, den *Stechlin*.

Je älter die Menschen werden und je klarer ihnen wird, dass – um Udo Jürgens zu zitieren – »mit 66 Jahren« noch lange nicht Schluss ist, desto mehr denken sie darüber nach, wie man der letzten Lebensphase auf angemessene Weise begegnen sollte. An Ratgebern und Betrachtungen dazu herrscht kein Mangel, allen voran Elke Heidenreich mit ihrem Essay *Altern*, der 2024 zum meistverkauften Buch in Deutschland wurde. Wie aber altert man am besten? Verhärmt, melancholisch oder mit dem Bestreben, als »verrückte« oder »schräge« Alte auf die Zielgerade einzubiegen? Das muss jeder, wenn Erkrankungen ihm keinen Strich durch die Rechnung machen, selbst entscheiden.

Mein liebster Alter ist Dubslav von Stechlin, der milde Held in Fontanes langsam voranschreitendem, fein gebautem Roman. Wer sich die Muße nimmt, dieses Buch zu lesen, bekommt eine Ahnung davon, was es heißen mag, die Stationen des Lebens ernst zu nehmen und seinen Weg mit Würde zu gehen. Den *Stechlin* zu loben, fällt nicht schwer. Während Fontanes Zeitgenossen ihre liebe Müh und Not damit hatten, das Ungewöhnliche dieser aus vielen Dialogen zusammengesetzten Figuren- und Gesellschaftszeichnung zu goutieren, gilt der Roman heute vielen als Fontanes Meisterwerk. Im *Stechlin* passiert herzlich wenig. Fontane war sich dieser Eigentümlichkeit bewusst und konnte den Inhalt seines umfangreichsten Romans in einem oft zitierten Brief mühelos zusammenfassen: »Zum Schluss stirbt ein Alter, und zwei Junge heiraten sich.« Ein bisschen irreführend ist das, denn überdies geschieht auf Schloss Stechlin, wo der alte Dubslav lebt, oder in Berlin, wo Sohn Woldemar seiner späteren Gemahlin Armgard den Hof macht, doch das eine oder andere.

Dubslav, ein verwitweter Major a. D. mit »Bismarck-kopf«, zählt – ja – sechsundsechzig Jahre und hegt keine Ambitionen, im Lebensgerangel noch einmal kräftig mitzumischen. Das sollen andere tun. Humor und (Selbst-) Ironie zeichnen ihn aus, und selbstverständlich hat er sich daran gewöhnt, »hinter alles ein Fragezeichen« zu setzen. Ein wenig einsam ist es um ihn geworden; mit seiner Schwester Adelheid, die »herbe wie 'n Holzapfel« ist, hat er wenig zu tun, und so bleibt vor allem Pastor Lorenzen – ein schwacher Trost für einen beredten Mann, der es liebt, sich verbal auszutauschen.

An Gesprächen und Gesprächsthemen mangelt es diesem Roman, in dem, so Fontane, alles »Plauderei« sei, dennoch nicht. Dubslav von Stechlin weiß, dass der gute alte Adel, den er mustergültig repräsentiert, auf verlorenem Posten steht und dass die »neue Zeit« am Ufer des unterschwellig brodelnden Stechlin-Sees und vor seinem leicht maroden Anwesen nicht haltmachen wird. Er versteht es, mit diesem Wissen umzugehen und nicht in dogmatische Wehklage auszubrechen. Dass sich Dubslav sogar als Kandidat im Wahlkreis Rheinsberg-Wutz für die Reichstagswahlen aufstellen lässt, ist ein Missverständnis, und so muss er – so sind die Zeiten – damit zurechtkommen, dass er als Konservativer dem sozialdemokratischen Widersacher unterliegt – was ihm offen gesagt nicht schwerfällt.

Anstatt im Reichstag zu sitzen, nimmt Dubslav an Unterhaltungen teil, über Friedrich den Großen, Krammetsvögel, Bienenzucht, technische Neuerungen, Katholizismus, die Kunst der Sängerin Jenny Lind, Feuerwerke, Englands Attraktionen, Arnold Böcklin, die märkische Landschaft, den Tod … und hat das Gefühl, an einem Für und Wider teilzuhaben, das zu einer Synthese der Anschauungen führt, zum Erkennen dessen, was den »großen Zusammenhang der Dinge« ausmacht, ausmachen könnte. »Wenn ich das Gegenteil gesagt hätte, wäre es ebenso richtig« – darin bündelt sich, bei aller leisen Koketterie, Dubslavs Alterssicht, die weder ein Laisserfaire noch ein starrsinniges Beharren auf den alten Werten predigt.

»Solange ich hier sitze, so lange hält es noch. Aber freilich, es kommen andere Tage« – Dubslavs nüchterne

Erkenntnis hat nichts Verhärmtes an sich, freilich auch nichts Gleichgültiges. Obschon Fontane seinen letzten Roman weitgehend in Adelsgefilden ansiedelte, verfolgte er die Angelegenheiten des »vierten Standes« sehr genau und wusste um die bevorstehenden Umbrüche. Bereits die berühmte Auftaktszene, in der die Kamera des Erzählers über die »Stechline« – den See, den Wald, das Dorf, den Hausherrn – schwenkt, enthüllt die Doppelbödigkeit des Gesehenen. Ganz »still« wirkt der See, und doch wissen alle, die mit ihm vertraut sind, dass die Ruhe trügerisch ist: Wann immer die Natur irgendwo, »sei's auf Island, sei's auf Java«, in Unordnung gerät und sich Vulkane regen, gerät der Stechlin-See in Wallung. Die (Nach-)Beben des historischen Wandels berühren jeden und verschonen die Grafschaft Ruppin und deren Herrenhäuser nicht. Das zu wissen, ist schon einiges, und damit zu altern, wie Dubslav von Stechlin, ist unkonventionell und nachahmenswert genug.

Der Stechlin erschien zuerst 1897 in der Zeitschrift Über Land und Meer und 1898 im Verlag Friedrich Fontane, Berlin.

Stevens, Ernest

Wohin geht es dieses Jahr in die Ferien? Soll man aus Angst vor Experimenten dem Altvertrauten folgen oder mutig neue Ziele ansteuern? Für Familie Stevens, wohnhaft im Londoner Süden, stellt sich diese Frage nicht, denn seit Jahr und Tag herrscht unter den Eheleuten und den drei Kindern Einmütigkeit: Natürlich bricht man im September wieder für zwei Wochen in das sechzig Meilen entfernte Seebad Bognor Regis auf. Abweichungen davon überstiegen die Vorstellungskraft aller Beteiligten.

Der englische Schriftsteller R. C. Sherriff (1896–1975) schrieb fürs Theater und für den Film – und regelmäßig Romane. »Ich wollte über einfache Menschen schreiben, die normale Dinge tun« – so formulierte Sherriff selbst seinen Anspruch, als er sich in *Zwei Wochen am Meer* voll und ganz auf die kleinbürgerliche Welt der Stevens einließ.

Seit zwanzig Jahren sind Ernest und Flossie Stevens verheiratet. Drei Kinder – Ernie, Dick und Mary – komplettieren die Runde, die sich auf unspektakuläre Weise den Herausforderungen des Lebens stellt. Ernest arbeitet als Angestellter im Büro; seine Frau kümmert sich um den Haushalt und den Nachwuchs. Auf großem Fuß lebt man nicht, doch wenn es um das wichtigste Ereignis des

Jahres, den zweiwöchigen Urlaub, geht, gönnt man sich das eine oder andere Vergnügen – eine Sonderration Ginger Ale, eine Flasche Portwein für Mutter Stevens oder eine »bessere« Strandhütte –, die das Budget aufs Äußerste ausreizen.

In diesem wunderbar langsam erzählten Buch geschieht kaum etwas, nirgendwo Intrigen, Gefahren oder aufregende Liebesverwicklungen. Das Augenmerk liegt auf den simplen Verrichtungen des Alltags, den marginalen familiären Konflikten und den meist verschwiegenen emotionalen Turbulenzen. Fast spielerisch demonstriert dieser mit leichter Hand verfasste Roman, dass sich das Leben aus zahllosen winzigen Elementen zusammensetzt.

Eine zweiwöchige Urlaubreise en famille ist eine hoch komplizierte Angelegenheit, die bis ins Detail vorbereitet sein will. Zum Glück hat Ernest Stevens, der gutmütige Patriarch, alles im Griff. Mit leicht neurotischer Akribie formuliert er eine »Marschordnung«, die jedem Familienmitglied ferienvorbereitende Aufgaben zuteilt. Wer bestellt die Lieferanten ab? Wer dreht den Gashahn zu? Wer bringt das Silberbesteck in Sicherheit? Und wer erledigt die unangenehme Pflicht, den Kanarienvogel bei der geschwätzigen Nachbarin abzugeben?

Es dauert seine Zeit, bis all das erledigt ist, bis die Sandwiches geschmiert sind, bis man es zum Bahnhof geschafft hat, ohne einen Koffer zu verlieren, und bis man sein Ziel im Zustand der Erschöpfung heil erreicht hat. Logisch also, dass bereits ein Drittel des Romans hinter einem liegt, bis die Stevens endlich am Meer, in ihrer von der Witwe Huggett betriebenen Stammpension

»Seaview«, die nicht mehr den neuesten Standards entspricht, angelangt sind.

»In den Ferien wird der Mensch zu dem, der er hätte werden und der er hätte sein können, wären die Dinge ein wenig anders gekommen« – allein in diesem en passant eingestreuten Satz zeigt sich, mit welchem Ernst und welcher Menschenfreundlichkeit der Autor seine Figuren behandelt. Ich mag sie alle, die Stevens, die alle ihre kleinen Geheimnisse haben, von denen sie wissen, dass sie besser Geheimnisse bleiben.

Besonders angetan hat es mir der tapfere Familienvorstand Ernest. Auch er hat im Leben Rückschläge erlitten – den eher unfreiwilligen Rückzug vom Schriftführeramt im Fußballverein, die fehlende Aussicht auf eine berufliche Karriere –, ohne dass er dieses auch nach vielen Jahren an ihm nagende Leid seinen Liebsten anvertrauen würde. Der Urlaub soll es wenigstens für kurze Zeit vergessen lassen, wäre da nicht die plötzlich aufkommende Furcht, einen Bürovorgang nicht ordnungsgemäß weitergeleitet zu haben …

So grundbrav, wie Ernest auftritt und versucht, den Familienladen zusammenzuhalten, so bewusst ist ihm, dass die Sommerfrische auch immer die Zeit ist, sich gewisse Freiheiten zuzugestehen, an die man zu Hause nicht im Traum dächte. Der Urlaub bietet die Möglichkeit, vielleicht nicht gleich über die Stränge zu schlagen, aber doch Wünsche aufkommen zu lassen, deren Realisierung sich letztlich aber völlig verbietet.

Die Tage am Meer lässt Ernest im Pub ausklingen, beim einen oder anderen Glas Bier und im Gespräch mit

Fremden, die nach und nach fast zu Vertrauten werden. Über seinen Pints sitzend, kommt er nicht umhin, sich einzugestehen, dass ihn die Barfrau Rosie anzieht – ein für ihn ungewohnter seelischer Aufruhr:

Weder konnte noch wollte er leugnen, dass sie seine niederen Instinkte weckte. Weil bei ihm diese niederen Instinkte jedoch gottlob nicht so niedrig waren wie bei anderen Männern, machten ihm seine Gefühle für Rosie keine wirkliche Angst.

Welch wunderbare Selbstkontrolle! Die erotischen Reize Rosies muss Ernest anerkennen, die lassen sich nicht ändern, doch er weiß zugleich, dass er sich nicht gehen lassen wird, dass seine »niederen Instinkte« nicht den Sieg davontragen werden. Die ungewohnten Gefühle würzen sein Leben, das ansonsten aus fünfzig wohl eher eintönigen urlaubslosen Wochen im Jahr besteht.

Nobelpreisträger Kazuo Ishiguro hat *Zwei Wochen am Meer* als eines seiner Trostbücher bezeichnet. Es gebe für ihn kaum einen anderen Roman, der die »schöne Würde« des Alltagslebens feinfühliger einfange. Und die Würde seines Protagonisten Ernest Stevens.

Ohne die zwei Wochen in Bognor – und ohne Rosie – ist das Leben nicht vorstellbar, nicht erträglich, und deshalb sehen die Stevens darüber hinweg, dass ihre Pension deutliche Verfallserscheinungen zeigt. Dass Witwe Huggett ihnen eines Tages keine Unterkunft mehr bieten könnte, daran will man gar nicht denken.

R. C. Sherriffs Roman erschien 1931 unter dem Titel *The Fortnight in September*. Eine erste Übersetzung (*Badereise im September*) wurde 1933 vorgelegt. 2023 folgte im Unionsverlag Karl-Heinz Otts Neuübertragung *Zwei Wochen am Meer*.

Troubadix

Das unbeirrbare gallische Dorf, das sich den Römern so entschlossen widersetzt und Cäsar zur Weißglut bringt, war fest in meiner Kindheit und Jugend verankert. Sobald sich ein neuer *Asterix*-Band ankündigte, kam in unserer Familie Unruhe auf, und mein Vater, der kein großer Bücherfreund war, legte – quasi mit dem Recht des Hausvorstands – Wert darauf, der Erstleser der Abenteurer zu sein.

Albert Uderzos Zeichnungen und René Goscinnys Texte hatten es ihm angetan, und manche Bände, wie *Asterix bei den Briten* oder *Asterix bei den Schweizern*, avancierten bei uns wie vielerorts zu Klassikern. Wann immer es Käsefondue gab, drohte dem, der sein Brotstück verlor, die Bestrafung, in den Neckar oder wenigstens in den Pfühlbach geworfen zu werden. Als Uderzo (1927–2020) nach Goscinnys frühem Tod in einem Akt der Selbstüberschätzung meinte, die Texterei übernehmen zu können, litt mein Vater sehr. Die Renaissance der Comic-Serie, als sich Uderzo endlich einsichtig zeigte und den Zeichenstift aus der Hand legte, hat er bedauerlicherweise nicht mehr erlebt.

Aus dem reichen Figurenkosmos Favoriten zu benennen, ist nicht einfach. Zu naheliegend wäre es, sich für den gewitzten Titelhelden Asterix oder für seinen beleibten Freund, den Hinkelsteinfabrikanten Obelix, zu entscheiden. Doch auch Automatix, Verleihnix, Methusalix, Miraculix oder Majestix nebst Gattin Gutemine haben ihre liebenswerten Eigenheiten und sind so für unverzichtbare Running Gags verantwortlich. Die eine oder der andere würden sogar Idefix anführen, wenn es um die Poleposition der Asterix-Charaktere geht. Obelix, das sei erwähnt, würde sich natürlich für die blond gelockte Falbala mit der Wespentaille entscheiden, die in ihm Liebesgefühle lodern lässt.

Letzten Endes ist mir aber Troubadix (im französischen Original: Assurancetourix) der Liebste, vermutlich weil unglückselige Gestalten stets mehr Sympathie erregen als Glückspilze oder Superhelden – im Leben wie in der Literatur. Schon im ersten Band *Asterix der Gallier* hat er einen Auftritt, und obwohl er durchaus ein hochgeschätztes Mitglied der Dorfgemeinschaft ist und anfangs als Lehrer fungiert, bleibt er ein Außenseiter, was bekanntermaßen mit dem geringen Zuspruch für seine musikalischen Darbietungen zu tun hat.

Wenn man im Nachhinein auf Roman- oder Comicserien zurückblickt, dann verschwimmen gelegentlich die Konturen. Bestimmte wiederkehrende Geschichten oder Gags graben sich so tief ins Gedächtnis ein, dass wir zu der Überzeugung gelangen, sie kämen in allen Serienepisoden vor. So glauben manche Wolf-Haas-Leser, die Brenner-Romane würden samt und sonders mit dem Satz »Jetzt ist schon wieder was passiert« beginnen – ein Irrtum, denn ab dem sechsten Band *Der Brenner und der liebe Gott* durchbricht Haas dieses Prinzip.

Und mir geht es ähnlich, wenn ich an Troubadix und vor allem an seine Auftritte bei den legendären wildschwein-dominierten Schlussbanketten der *Asterix*-Comics denke. Stein und Bein hätte ich geschworen, dass der unglück-selige Barde Troubadix dabei immer die gleiche Rolle spielt: Ich habe genau vor Augen, wie er gefesselt und geknebelt an dem von ihm bewohnten Baum sitzt oder steht, fernab des Gelages, aufs Gröbste zum Schweigen gebracht, da seine Kumpane seinem Gesang zur Leier keine Wertschätzung entgegenbringen, allen voran der grobschlächtige Schmied Automatix, der gerne die Fäuste oder den Hammer als Argument einsetzt und Troubadix klare Anweisungen gibt: »Nein, du wirst nicht singen!«

Doch die Erinnerung trügt: Ich brauche nicht auf das Wissen von Asterixologen zurückzugreifen; es genügt, die alten Hefte in die Hand zu nehmen, um zu sehen, dass Uderzo/Goscinny und ihre Nachfolger nicht ausnahms-los diese einprägsamen Schlussbilder eingesetzt haben. Ja, es gibt tatsächlich Episoden, in denen das Bankett kom-plett ausfällt (etwa in *Asterix & Obelix feiern Geburts-tag*), und ja, es gibt tatsächlich Episoden, die Troubadix an der Tafel zeigen (in *Asterix bei den Olympischen Spie-len*), und ja, in *Asterix bei den Normannen* staunt man nicht schlecht, seinen Widersacher Automatik gefesselt am Baum zu sehen, während der Barde zwischen den Wildschweingängen gnädigerweise musikalische Einla-gen darbieten darf.

Schön und gut – für mich bleibt Troubadix der unter-drückte Sänger, der im Dorf zwar Anerkennung findet, aber zum Schweigen gebracht wird, sobald er seinen

Beruf ausüben will. Nicht leicht zu beantworten ist die Frage, was von Troubadix' Gesang ästhetisch zu halten ist. Stellt dieser wirklich eine Zumutung dar, oder ist Troubadix womöglich seiner Zeit voraus, als Avantgardist gewissermaßen, dessen Qualitäten die nicht immer kunstbeflissenen Dorfbewohner nicht begreifen können? Im zuletzt erschienenen Band *Die Weiße Iris* immerhin gibt Troubadix ein Konzert, das Zustimmung findet, was vielleicht daran liegt, dass er in der deutschen Fassung das (textlich leicht veränderte) Lied *Claudius hat 'nen Schäferhund* der Ärzte zu Gehör bringt. Geknebelt wird er am Ende dennoch.

Troubadix dürfte sich freuen, endlich einmal so gut in Szene gesetzt zu werden. Summa summarum bleibt er indes der Außenseiter, der fernab der anderen in einer Baumkronenhütte lebt und sich ideal zum Sündenbock eignet. Sein Haar trägt er länger als die anderen Dörfler, eine Künstlermähne eben, die in Frankreich vielleicht an den frühen Johnny Hallyday und in Deutschland an Jürgen Marcus oder Bernd Clüver denken lässt. *Der Junge mit der schönen Leier* – so könnte ein Troubadix-Song heißen, den wieder keiner hören will.

Asterix der Gallier, der Auftaktband der Reihe, erschien 1961 im französischen Original und 1968 auf Deutsch. Albert Uderzo zeichnete die Folgen bis 2009 (danach Didier Conrad). Nach dem Tod des Texters René Goscinny 1977 war Uderzo bis 2009 auch für die Texte verantwortlich. Es folgten Jean-Yves Ferri (bis 2023) und Fabcaro (seit 2023). Der bislang letzte, vierzigste Band *Die Weiße Iris* erschien 2023.

Wilkins, Lancelot Phineas

Manche Jugendliche wollen beim Lesen in ferne Welten eintauchen, die mit ihrem Alltag möglichst wenig zu tun haben. Andere ziehen es vor, sich in vertrauten Sphären aufzuhalten, die Vergleiche zu ihrem Alltag erlauben. Ich gehörte zur letzteren Gruppe und hatte eine Schwäche für Bücher, die in Schulen spielten, wo ich selbst – wenig überraschend – damals viel Zeit verbrachte. Von meiner jüngeren Schwester lieh ich mir Enid Blytons *Hanni und Nanni*-Romane, und auch die *Dolly*-Serie derselben Autorin gehörte zu meinen Lektüren.

Blytons von ihrem deutschen Verlag Franz Schneider stark überarbeitete Texte waren in englischen Internaten angesiedelt, und natürlich besaß diese Welt, die sich von meinem »normalen« Gymnasium durchaus unterschied, einen besonderen Reiz. Kein Wunder, dass ich in der Heilbronner Stadtbücherei nach einem eher von Jungen besuchten Pendant Ausschau hielt. Bei Anthony Buckeridge (1912–2004), einem Engländer natürlich, wurde ich fündig. Dieser legte zwischen 1950 und 1977 – plus zweier Nachzügler aus den 1990er-Jahren – mit großem Erfolg vierundzwanzig in Sussex spielende Romane um den Internatsschüler Jennings vor, der mit seinen Freunden Darbi, Venables, Atki und William das Linbury-Internat besucht.

Auch im Ausland kamen diese harmlosen, von ihrer Situationskomik lebenden Schulgeschichten gut an. In Norwegen wurde aus Jennings Stompa, in Frankreich Bennett und in Deutschland Fredy. Buckeridges Held ist höchst lebhaft, ideenreich und »sprunghaft wie die Bewegungen einer Katze auf einem glühend heißen Blechdach«. Seine muntere Miene und sein wacher Blick »zeigten deutlich, dass Fredy mit seinen elf Jahren stets bereit war, bei jedem Streich, bei jedem Spaß und bei jedem Abenteuer, zu dem der Schulalltag Gelegenheit bot, den Anführer zu spielen«. *Immer dieser Fredy* (im Original *Jennings As Usual*, der zehnte Band der Reihe), versehen mit dem Untertitel »Lustige Erlebnisse und Streiche der Jungen von Linbury«, war mein Einstieg in den – neunundsiebzig Schüler umfassenden – Linbury-Kosmos. Da geht es um Tabaksdosen, die – Sie erinnern sich? – mit Schnüren zu Telefonen umfunktioniert werden, um nächtliche Einbrecher, brennende Radiergummis und um Fredys jämmerliches Klavierspiel.

Wo Fredy permanent durch seinen mit Ungeschick gepaarten Unternehmungsgeist auffällt, gerät er zwangsläufig in Konflikt mit der Lehrerschaft. Deren Vertreter begegnen Fredy – wie der nachsichtige Carter – mal mit Verständnis und – wie der cholerische, hundertneunzig Pfund schwere Wilkins – mal mit Vorwurfskaskaden. Letzterer, ein »hochgewachsener Mann mit kräftiger, durchdringender Stimme, mit energischem Schritt und einem nur begrenzten Vorrat an Geduld«, unterrichtet Erdkunde und Mathematik. Dem im Grunde gutmütigen Mann fehlt bedauerlicherweise das »Einfühlungsvermögen in die Art und die Gedankengänge von Jungen«, was unweigerlich zu heftigen Auseinandersetzungen führt, vor allem mit Fredy. Dass dieser jemals zu einem »gesitteten, vernünftigen Mitglied der menschlichen Gesellschaft« werden könnte, scheint für Wilkins, der nur »der Alte Wilkie« genannt wird, äußerst zweifelhaft.

Die deutschen *Fredy*-Ausgaben sind von Franz Josef Tripp (1912–1978) illustriert, der mit seiner Kunst mehr als eine Generation von Kindern beflügelt hat. *Jim Knopf und Lukas der Lokomotivführer, Der Räuber Hotzenplotz, Das kleine Gespenst* oder *Robbi, Tobbi und das Fliewatüüt* sind beispielsweise Werke, die von Tripp illustriert wurden. Interessanterweise durchläuft mein Lieblingslehrer Wilkins bei Tripp einen merkwürdig raschen Alterungsprozess. Während er in *Fredys Hütte am Teich* (englisch: 1951; deutsch: 1960) als »jüngerer Mann« vorgestellt und entsprechend gezeichnet ist, tritt er in *Immer dieser Fredy* (englisch: 1959; deutsch: 1961) deutlich verändert und gealtert auf. Der zermürbende Internatsalltag hat Wilkins offenbar zugesetzt, im Gegensatz zu seinen Schülern, deren Alter und Aussehen sich nicht verändern.

Aus dem schlanken, energisch auftretenden Wilkins ist ein korpulenter, schwerfällig wirkender Mann geworden, dessen Haarschopf stark an Fülle verloren hat und dessen Zuname »Alter Wilkie« nun passend erscheint. Lediglich seine Krawatte und sein Jackett in einer Art Hahnentrittmuster haben sich nicht verändert. Seine aparten Vornamen Lancelot Phineas spielen meines Wissens in den deutschen Ausgaben leider keine Rolle, zumal sich

Wilkins mit diesen ohnehin schwertut und sie am liebsten verheimlichen würde:

Nein, da war nichts falsch mit Lancelot. Das war ein herrlicher Name für die richtige Person, aber irgendwie spürte Wilkins, dass er nicht diese richtige Person war. Hätte er Bill, Jack oder Tom geheißen, hätte er kein Geheimnis daraus gemacht. Aber Lancelot ... oh, nein ...

Die markanten Verfallserscheinungen, die die Schulaufregungen für den Lehrkörper zeitigten, hielten mich übrigens nicht davon ab, lange Zeit an meinem Berufsziel Lehrer festzuhalten und ein entsprechendes Studium zu ergreifen. Wilkins' Erscheinung scheint da einen unterschwelligen Einfluss genommen zu haben. Dass es für mich anders kam, will ich ihm nicht vorwerfen.

Vierundzwanzig Bände umfasst die englische Jennings-Serie, einsetzend 1950 mit *Jennings Goes To School*, endend 1994 mit *That's Jennings*. Rund ein Drittel der Bände erschien in den 1960er- und 1970er-Jahren in der deutschen Übersetzung von Elisabeth von Schmädel im Hermann Schaffstein Verlag und als Taschenbuch bei dtv junior.

Woodhouse, Emma

Da liegt sie vor mir, die Ausgabe, mit der meine Verehrung für Jane Austen begann. Ein kleiner Leinenband aus dem Hause Reclam, den ich, wie ein Bleistifteintrag verrät, für 17,80 DM in der Tübinger Buchhandlung in der Gartenstraße erstanden habe. Umhüllt ist er von einem grasgrünen Schutzumschlag, der seine Abnutzungserscheinungen nicht verbergen kann. Darauf prangt der Titel in großen Buchstaben: *Emma*. 1980 ist die Ausgabe als Teil einer sechsbändigen Edition der Romane Austens erschienen, übersetzt von Ursula und Christian Grawe. Damit wurde die breite Rezeption hierzulande erst eingeleitet, und mit den zahlreichen Film- und TV-Adaptionen, die Austens Romane erfuhren, darf sie inzwischen zu Recht als Vorreiterin dessen gelten, was uns heute in Fernseh- oder Netflixserien geboten wird.

Schön, aufgeweckt und reich, bei einem sorgenfreien Zuhause und einem glücklichen Naturell, war Emma Woodhouse offenbar mit einigen der erfreulichsten Vorzüge des Daseins gesegnet und hatte beinahe einundzwanzig Jahre fast ohne jeden Anlass zu Kummer und Verdruss auf dieser Welt verbracht.

So elegant und einladend setzt das erste Kapitel von *Emma* ein, und schon nach diesen wenigen Zeilen glauben wir diese junge Frau, mit der es das Leben bislang so gut gemeint hat, vor uns zu sehen.

Emmas Mutter ist vor langer Zeit gestorben; ihre Schwester hat sich verheiratet und lebt in London, sodass sie, ihren schrulligen Vater umsorgend, trotz ihrer Jugend bereits Herrin des Hartfield-Hauses geworden ist. Wer in Büchern gern wechselnden Schauplätzen begegnet, wird in *Emma* nicht auf seine Kosten kommen. Denn der Roman spielt ausschließlich im südwestlich von London gelegenen Highbury. Zwar gelangen auch auswärtige Besucher dorthin, und wir erfahren von Geschehnissen weitab des Dorfes, doch die »Einheit des Ortes« – Aristoteles hätte seine Freude daran gehabt – bleibt gewahrt. Warum in die Ferne schweifen?

Erzogen wurde Emma aufs Beste von Miss Taylor, doch deren Einfluss ist geschwunden, und schon gleich zu Anfang erfahren wir in einem der typischen, lakonisch eingeschobenen Austen-Sätze, dass Emma inzwischen vor allem auf sich selbst hört: »Zwar schätzte sie Miss Taylors Urteil sehr, aber sie folgte im Wesentlichen ihrem eigenen.«

Ihrem Neffen J. E. Austen-Leigh zufolge soll Jane Austen (1775–1817) nicht beabsichtigt haben, ihre Heldin Emma Woodhouse mit einem einnehmenden Charakter auszustatten: »Ich werde eine Heldin nehmen, für die niemand außer mir selbst viel übrighaben wird.« Und das ist ihr gelungen: Emma, die anfangs auf keinen Fall heiraten will, strebt vor allem danach, Ehen zu stiften. Dafür manipuliert sie die Gefühlsregungen ihrer Mitmenschen hemmungslos und nimmt in Kauf, dass diese nicht mehr aus noch ein wissen.

Gängigen Moral- und Wahrheitsvorstellungen schenkt sie keine große Beachtung. Trotz ihrer wachen Intelligenz lässt sie sich von Äußerlichkeiten leiten und inszeniert liebend gern Intrigenspiele, die vor allem ihrem Egoismus entgegenkommen und zwangsläufig zu Lügen führen. Ihr Widersacher, der vorbildliche Gentleman Mr Knightley, dem sie am Ende des Romans sehr nahekommt, versucht zwar mit seiner mitunter wiederum etwas übereifrigen Aufrichtigkeit auf sie einzuwirken, doch große Erfolge sind ihm nicht beschieden.

Ungeachtet dieser Defizite ist man gern an Emmas Seite und wartet gespannt darauf, ob sie ihre Ziele durchsetzen wird oder nicht. Gewiss, sie kümmert sich um die Armen der Gesellschaft und um ihren Vater, der Gesundheits- und Ernährungsfragen obsessiv erörtert, doch Emmas Reiz liegt nicht in den fürsorglichen Seiten ihres Charakters.

Die Literaturwissenschaft hat darauf hingewiesen, dass Jane Austens Roman entgegen dem ersten Anschein sehr wohl gesellschaftliche Um- und Missstände im England um 1800 aufgreift und in der kleinen Welt von Highbury widerspiegelt. Wer das nicht weiß oder wissen möchte, wird sich freilich im turbulenten Spiel von Intrigen, Missgunst und Missverständnis im Hause Hartfield auch so wohlfühlen. Jane Austens Begabung, brillante Spitzzüngigkeiten in ihren Text einzubauen, geschliffene Dialoge zu inszenieren und eine verhaltene Komik zu entfalten, machen Emma Woodhouse durchaus zur zeitlosen Verkörperung einer genialen Strippenzieherin, die am Ende sogar etwas dazulernt. Ich würde gern Nachmittage bei Tee und Gebäck mit ihr verbringen.

Es braucht – das lehrt uns Jane Austen in ihren Büchern – keine groß angelegten Szenarien und mächtigen Stoffe, um Weltliteratur zu schaffen. »Drei oder vier Familien in einem Dorf auf dem Lande, das ist der ideale Romanstoff«, schrieb Austen 1814 in einem Brief. Wie das funktioniert, zeigt *Emma*, und wenn über diesem Setting eine Heldin wie Emma Woodhouse thront, die zu lieben wir nach und nach lernen, dürfen wir uns glücklich schätzen.

Emma erschien im englischen Original 1816. Charlotte von Klinckowstroem legte 1939 die erste deutsche Übersetzung vor, der etliche weitere, etwa von Helga Schulz oder Manfred Allié und Gabriele Kempf-Allié, folgten. Ich greife selbstverständlich am liebsten zu der von Ursula und Christian Grawe.

X

Einen anderen Namen bekommt sie nicht. X, das muss reichen für die Ich-Erzählerin in Fleur Jaeggys Novelle *Die seligen Jahre der Züchtigung*. Seit ihrem achten Lebensjahr ist diese in Internaten untergebracht. Als Vierzehnjährige kommt sie in das angesehene Bausler-Institut, das internationale Schülerinnen hat, darunter die von allen hofierte Tochter eines leibhaftigen afrikanischen Staatspräsidenten.

> *Mit vierzehn war ich Zögling in einem Internat im Appenzell. In einer Gegend, in der Robert Walser viel spazieren ging, während er in Herisau, nicht weit von unserem Institut, in der Nervenheilanstalt war.*

So beginnt die 1940 in Zürich geborene und seit 1968 in Italien lebende Fleur Jaeggy X' Erinnerung an eine fragile Mädchenfreundschaft in jenem »Töchterinstitut« in Teufen, Kanton Appenzell.

Die Enge des Internats ist beim Lesen in jeder Zeile zu spüren, ebenso wie die Unsicherheiten und Gemütsschwankungen der Pubertät. X, die von ihrer in Brasilien weilenden Mutter brieflich genaue Verhaltensanweisungen bekommt, ist eine vorsichtige Schülerin, deren Leben auf den Kopf gestellt wird, als eine »Neue« in das Institut kommt, die zwei Jahre ältere, hochbegabte Frédérique. Obwohl diese bei den »Großen« und X bei den »Kleinen« nächtigt, entwickelt sich eine so zarte wie spröde Freundschaft, die die beiden in den Augen der anderen zu einem »Paar« werden lässt.

Kein anderes Mädchen vermag das Interesse der Erzählerin zu entfachen. Was sie genau mit Frédérique, der Genfer Bankierstochter, verbindet, bleibt bewusst im Vagen:

Damit könnte ich mich einem Verhör stellen und zugeben, dass ich vielleicht in Frédérique verliebt war. Von Liebe wurde nie gesprochen, wie es sonst in der Welt üblich ist. Aber wir hatten die Gewissheit, dass es vorherbestimmt war.

Körperlichkeit spielt keine Rolle, darf zwischen den beiden keine spielen. Während sich die Mitschülerinnen selbstverständlich an den Händen fassen, entwickelt sich zwischen Frédérique und X eine »Art von Fanatismus, der uns jede körperliche Äußerung verbot«. Sublimierend eignet sie sich ihre Freundin an, indem sie deren markante Handschrift imitiert.

Jaeggys Novelle greift unverhohlen auf Erfahrungen aus der Kindheit und Adoleszenz der Autorin zurück. Sie reiht sich in die lange Traditionslinie von Schul- und Internatsromanen ein, in diese Untergattung, die durch Hermann Hesses *Unterm Rad*, Friedrich Torbergs *Der Schüler Gerber hat absolviert* und Robert Musils *Verwirrungen des Zöglings Törless* populär wurde und bis zu Tonio Schachingers *Echtzeitalter* reicht.

Nach und nach entwickelt man Sympathie für Jaeggys kühle Erzählerin, leidet mit ihr mit, durchläuft ihre Gefühlsausschläge und fällt plötzlich in die eigene Pubertät zurück. Und man weiß auf einmal wieder, wie es ist, wenn sich eine große Nähe verliert.

Als wiederum eine neue Schülerin, die impulsive, keiner Umarmung aus dem Weg gehende Micheline, an das Institut kommt, verlieren Frédérique und die Erzählerin einander unmerklich. Letztere spürt, dass sie ihre Lebensfreundin im Stich lässt, und kann doch nicht anders handeln. Irgendwann verlässt Frédérique das Internat, ein loser Kontakt bleibt bestehen, doch es scheint kein gutes Ende mit ihr zu nehmen. »Nach zwanzig Jahren schrieb sie mir einen Brief. Ihre Mutter habe ihr etwas hinterlassen, wovon sie leben könne. Aber im Irrenhaus sei sie lange genug Gast gewesen, wenn es so weitergehe, werde sie den Friedhof vorziehen« – so lapidar, im typischen, klaren Klang dieser Prosa, schließt die schmale Erzählung. »Frédérique lag nichts an ihrem Leben«, das hat X schon während des gemeinsamen Internatsaufenthalts erkannt.

Die Erzählerin wird bis zu ihrem achtzehnten Geburtstag in Internaten aufgezogen – Jahre, die Schrecken und Zauber zugleich in sich tragen:

Aber ich beharrte darauf, die Traurigkeit ganz auszukosten, wie zum Trotz. Die Lust der Enttäuschung. Sie war mir nicht neu. Ich schätzte sie, seitdem ich acht gewesen war und zum ersten Mal Internatsschülerin, im Kloster. Und vielleicht waren das die schönsten Jahre, dachte ich. Die Jahre der Züchtigung. Eine Spur von Exaltiertheit, leicht, aber beständig, liegt darin, in diesen Jahren, den seligen Jahren der Züchtigung.

Dass die Ich-Erzählerin, aus der, so darf man vermuten, eine Schriftstellerin wurde, mit scharfem Blick auf die vermeintlich seligen Jahre schaut, gehört zu ihrem schwer zu fassenden Wesen. Wie ihr spitzer Humor, mit dem sie alles prüft, was ihr begegnet. So heißt es über die Ehe der Institutsleiterin: »Sie waren nicht lang verlobt. Sie hatte beschlossen, ihn zu heiraten, und im Bett war sie kurz angebunden.«

Die Novelle *I beati anni del castigo* erschien 1989 auf Italienisch. 1996 folgte im Berlin Verlag Barbara Schadens deutsche Übersetzung *Die seligen Jahre der Züchtigung*, die 2024 bei Suhrkamp neu aufgelegt wurde.

Rainer Moritz

Rainer Moritz, 1958 in Heilbronn geboren, wurde mit einer Arbeit über Hermann Lenz promoviert, arbeitete als Cheflektor bei Reclam Leipzig und als Programmgeschäftsführer bei Hoffmann und Campe, ehe er 2005 die Leitung des Hamburger Literaturhauses übernahm. Er tritt regelmäßig als Literaturkritiker in Erscheinung, übersetzt aus dem Französischen (unter anderem Françoise Sagan, Pierre Bost, Gaston Leroux und Georges Simenon), kommentiert humorvoll das Weltgeschehen wöchentlich auf *Bremen 2* – und schreibt Bücher. Bei Oktopus erschien zuletzt sein Roman *Vielleicht die letzte Liebe*.